Constitutionalism
and Nationalism in Lower Canada

Canadian Historical Readings

A selection of articles from the *Canadian Historical Review*
and other volumes

1 *Approaches to Canadian History*
2 *Upper Canadian Politics in the 1850's*
3 *Confederation*
4 *Politics of Discontent*
5 *Constitutionalism and Nationalism in Lower Canada*
6 *Imperial Relations in the Age of Laurier*
7 *Minorities, Schools, and Politics*
8 *Conscription 1917*

Edited by Ramsay Cook/Craig Brown/Carl Berger

Constitutionalism and Nationalism in Lower Canada

Essays by Fernand Ouellet/Lawrence A. H. Smith
D. G. Creighton/W. H. Parker

Introduction by Ramsay Cook

University of Toronto Press

© University of Toronto Press 1969
Printed in Canada
SBN 8020 1615 4

Contents

Introduction/RAMSAY COOK	vii
Le Nationalisme canadien-français : De ses origines à l'insurrection de 1837/FERNAND OUELLET	1
Le Canadien and the British Constitution, 1806–1810 LAWRENCE A. H. SMITH	17
The Struggle for Financial Control in Lower Canada, 1818–1831/D. G. CREIGHTON	33
A New Look at Unrest in Lower Canada in the 1830's W. H. PARKER	58
Le Mandement de Mgr Lartigue de 1837 et la réaction libérale/FERNAND OUELLET	67
Papineau dans la révolution de 1837–1838/FERNAND OUELLET	75

Introduction
RAMSAY COOK

THE EVENTS LEADING to the Rebellion of 1837 in Lower Canada are doubly significant for students of Canadian history. In the first place, they are part of the well-worn story of the advance toward responsible government in Canada. Secondly they mark the critical formative period in the evolution of French-Canadian nationalism. As Lord Durham was quick to perceive there was something more than a constitutional principle at stake in the increasingly bitter political quarrels which led to the breakdown of the governmental system in 1837. There was, he said, the more basic problem of "two nations warring within the bosom of a single state." Since then historians have never ceased to argue about the relation of constitutionalism to nationalism in 1837, though they have at least agreed that these were two of the major issues.

Durham's analysis also, of course, pointed to the fact that both the national and constitutional quarrels were manifestations of deeper social and economic conflicts. What especially struck Durham was the fashion in which an overpopulated agricultural community produced an excessive supply of young men moving into the liberal professions. That they went into the professions rather than taking up careers in business Durham attributed to the educational system. But more important he noted that it was the liberal professions which supplied French Canada with political leaders. These leaders saw politics as the means of controlling, or at least limiting, those other centres of power in the colony: the English-speaking merchant class and, to a lesser extent, the Roman Catholic Church. Thus the clash between the assembly dominated by French Canadians and the executive controlled by English Canadians was the natural result of conflicting social, economic, and political ambitions. So, too, the division between the Roman Catholic hierarchy and the *patriotes*, which culminated in

Mgr Lartigue's *mandement* in 1837, was the natural result of a competition for the leadership of French-Canadian society between the lay politicians and the ecclesiastical authorities.

The portrait that Durham painted in brilliant strokes of national and constitutional conflict in Lower Canada is one which most later writers. take as their point of departure. French-Canadian writers until recent years have, on the whole, emphasized the political and national side of the events leading up to the Rebellion. L.-O. David, Abbé Lionel Groulx, and Gérard Filteau view the battle as an essentially constitutional one which fits into the traditional story of *la lutte des races*. The *patriotes*, in this interpretation, were normally judged as good French-Canadian nationalists engaged in the unending quest for *la survivance*. Louis-Joseph Papineau, the *patriote* leader, thus was joined to that honourable company of nineteenth-century nationalist heroes that included Daniel O'Connell and Joseph Mazzini. These writers rarely, if ever, followed up the hints that Durham had dropped concerning the deeper social and economic sources of the conflict. They did not do so partly because their major concern was with political and constitutional matters but also because they largely approved the essentially conservative agrarian values that Papineau had defended.

Papineau, however, presented at least one very serious problem to the early nationalist writers: his religious unorthodoxy. After all the *patriote* leader was at least an anti-clerical, at worst a non-believer. Some nationalist writers attempted to play down or nearly ignore this unsettling aspect of their hero's career. Others, particularly Filteau, attempted to explain it away as an aberration. Groulx made an effort to meet the problem head on, attempting to condemn gently Papineau's free-thinking tendencies without discrediting his nationalist virtues.

More recent historians have taken up the social and economic problems connected with the constitutional struggles of the early nineteenth century. D. G. Creighton's brilliant *Commercial Empire of the St. Lawrence*, first published in 1937, presented the views of the Montreal merchants and set the constitutional issue in the perspective of economic development and imperial relations. In his view the constitutional quarrel was a political manifestation of the clash between the merchants' efforts to build a modern, viable, and independent economy, and the French Canadians' backward-looking determination to obstruct this plan. Professor Creighton's themes were later further developed by Fernand Ouellet who explored in massive detail the various facets of French-Canadian economic life and enterprise between 1760 and 1850. His conclusion was that a backward agriculture, a rapidly increasing population, and a political leadership which was essentially traditional and anti-entrepreneurial produced the rupture of 1837.

Ouellet also rejects most of the nationalist values which led earlier historians to sing Papineau's praises. Instead of the Bolívar of French Canada, Ouellet pronounced Papineau ambiguous in his motives, conservative in his goals, and lacking in that decisiveness so necessary in a man of action. He was, in E. B. O'Callaghan's nice phrase, a Franklin without being a Washington. In essence Ouellet sees the *patriote* leader as a theoretical liberal but a practical conservative, the exponent of a political doctrine which was permeated with a backward-looking, frequently negative, nationalism. He agreed with F.-X. Garneau's description of Papineau as the image of the French-Canadian nation but Ouellet, unlike the earlier historian, does not offer this judgment as a compliment.

In recent years, as nationalism has intensified among French Canadians, and as it has become more secular in flavour, Papineau has once again come into favour. Indeed some nationalist and separatist groups have adopted him as their patron saint, a secular Dollard des Ormeaux. With this development, naturally, a new nationalist literature has begun to appear. Robert-Lionel Séguin's *La Victoire de Saint-Denis* (Montréal, 1968) is one example of this tendency. So is the recent republication of Papineau's famous answer to Durham, *Histoire de l'Insurrection du Canada*. As yet, however, no full-length study by a nationalist writer has appeared. Nor is a convincing one likely to. For whatever else Papineau was, he was too complicated a figure to be satisfactorily labelled and packaged in one of the neat categories of contemporary political polemic.

Lord Durham's *Report*, in one of its many editions, and Louis-Joseph Papineau's *Histoire de l'Insurrection du Canada* (Montréal, 1968) set out in contemporary terms the two sides of the debate. The best accounts by nationalist writers are L.-O. David's *Les Patriotes de 1837–38* (Montréal, 1884) and Gérard Filteau's *Histoire des Patriotes* (3 vols.; Montréal, 1938–42). Abbé Lionel Groulx's assessment of Papineau is best presented in "Les idées religieuses de Louis-Joseph Papineau," published in *Notre maître, le passé* (2ième série; Montréal, 1936). The constitutional and political interpretation of this period is presented with greatest clarity and persuasiveness by Helen Taft Manning in *The Revolt of French Canada, 1800–1835* (Toronto, 1962). A similar, and convenient account, is found in volume I of Mason Wade, *The French Canadians, 1760–1967* (rev. ed.; Toronto, 1968).

D. G. Creighton's *Empire of the St. Lawrence* (Toronto, 1959) remains a fundamental study of a period which Fernand Ouellet has now made almost his exclusive property. His monumental *Histoire économique et sociale du Québec, 1760–1850* (Montréal, 1966) is indispensable to anyone with a serious interest in the subject. His many shorter studies are also of primary importance. Among them are *Louis Joseph Papineau: A Divided Being* (CHA booklet 11; Ottawa, 1960), a short but penetrating assessment of Papineau, "Nationalisme canadien-français et le laïcisme aux XIXe siècle," *Recherches sociographiques*, IV (1963), an article which places the conflict of lay liberal and conservative cleric in a broad context which illustrates many of the implications of the 1837 affair, and "Les insurrections de 1837–38: un phénomène social," *Histoire sociale/Social History*, 2 (novembre/November, 1968). For an assessment of Papineau from the perspective of a modern nationalist historian, see Maurice Séguin, *L'idée d'indépendence au Québec : genèse et historique* (Trois-Rivières, 1968).

**Constitutionalism
and Nationalism in Lower Canada**

Le Nationalisme canadien-français : De ses origines à l'insurrection de 1837

FERNAND OUELLET

CONSIDÉRÉ À LA LUMIÈRE de l'historiographie traditionnelle et même de la néo-nationaliste, le problème des origines du nationalisme canadien-français serait des plus faciles à résoudre. En effet, les historiens nationalistes du Québec ont eu la conviction que le cadre national est indispensable à toute existence collective. C'est pourquoi ils ont affirmé, sans l'ombre d'un doute, que la naissance du nationalisme canadien-français datait des origines de la Nouvelle-France. Cette thèse, assez peu contestée jusqu'à une époque récente mais fort contestable, nous la trouvons exposée en toute netteté dans le livre de M. Guy Frégault, *La Civilisation de la Nouvelle-France*. Les habitants de la vallée laurentienne, affirme cet historien, avaient, à partir du XVIIe siècle, pris conscience « de leur individualité ethnique » et, un siècle plus tard, ils avaient vraiment « une conscience nationale »[1]. On comprend la portée décisive de cette interprétation. Voilà esquissés en leurs fondements essentiels le *drame de la conquête* et ses conséquences tragiques.

Pour la plupart des historiens nationalistes, c'est, au lendemain même de 1760, la lutte pour la survivance qui s'amorce et ne s'arrêtera plus désormais; pour d'autres, la conquête inaugurait l'ère des grandes déchéances et des compromis stérilisants. La vision du chanoine Groulx, qui prend appui sur les victoires passées et sur les enracinements antérieurs, s'ouvre sur la bataille de la survivance et sur les non moins glorieuses luttes constitutionnelles. « Comme celle d'hier, écrit-il, l'histoire du peuple canadien [après 1760] restera un appel à la tension volontaire, au continuel dépassement[2]. » Par contre la perception[3] de M. Michel Brunet, qui s'inscrit en faux contre les « glorioles

[1] Guy Frégault, *La Civilisation de la Nouvelle-France* (Montréal, 1944), p. 267 ss.
[2] Lionel Groulx, *Histoire du Canada français* (Montréal, 1951), II, 265.
[3] Michel Brunet, « La Conquête anglaise et la déchéance de la bourgeoisie canadienne », *Amérique française*, XIII, 19-84; *Canadians et Canadiens* (Montréal, 1955).

Reprinted from *Canadian Historical Review*, XLV (4), December, 1964

d'autrefois », débouche sur la représentation du cataclysme de la conquête qui, en décapitant, prétend-il, la nation canadienne-française de sa bourgeoisie, aurait voué cette jeune nation à l'infériorité et à la dégénérescence. Dans l'esprit de Brunet et de Séguin, il n'y a pas eu que la décapitation sociale pour réduire les Canadiens français à un état de servitude; le drame de la conquête, en coupant toute attache avec l'ancienne mère-patrie, a eu un effet traumatisant sur cet être fragile qu'était encore la nation canadienne. Si on n'était en présence d'un pur symbolisme, on aurait néanmoins raison de s'interroger sur les causes de l'excessive vulnérabilité d'une adolescente si peu vigoureuse. Donc, entre les positions réconfortantes du chanoine Groulx et le pessimisme de M. Michel Brunet, on note, malgré des divergences appréciables, un point de départ commun : à savoir, l'existence avant 1760 d'une nation canadienne-française. Toute leur interprétation de l'histoire canadienne découle logiquement de cette constatation première et de la conception particulière qu'ils se font du caractère de cette nationalité.

Ces interprétations ont certes eu le mérite d'accrocher les sensibilités et, par ce biais, de rejoindre les intelligences. Mais correspondent-elles à la réalité ? Leur contenu émotif serait-il le garant de leur véracité ? Bien avant nous, d'autres historiens en ont douté. Nous pouvons dire que nos recherches nous permettent de partager cette inquiétude.

LE NATIONALISME CANADIEN-FRANÇAIS AU XVIIIe SIÈCLE : UN MYTHE OU UNE PROJECTION ?

Cette affirmation de la présence en Nouvelle-France d'une nation repose sur un dossier des plus minces et, semble-t-il, fort peu convaincant. Elle tient, croyons-nous, davantage à la conscience de l'historien qu'à l'évidence de la preuve. Que la société canadienne du temps n'ait pas été un pur reflet de celle de la métropole, qu'elle ait manifesté une certaine originalité, on l'admettra d'autant plus volontiers que les circonstances locales ont puissamment agi sur la mise en place des structures sociales. D'ailleurs les sociétés coloniales, même si on leur impose des modèles tout faits et même quand elles se livrent à l'imitation, ne sont jamais une réplique fidèle de la mère-patrie. Les conditions géographiques et économiques et les libres choix des hommes nécessitent une adaptation des modèles. Qu'en conséquence les Canadiens du régime français aient développé une mentalité différente à beaucoup d'égards de celle des métropolitains et qu'il en ait résulté des incompréhensions voire même, des oppositions tenaces, cela ne débouche pas nécessairement sur l'existence d'un sentiment national. En d'autres circonstances et à une époque plus récente, tout cela aurait pu servir à fonder une conscience nationale; mais telle n'est pas la situation sous le régime français.

La population de la Nouvelle-France n'est pas encore éveillée aux valeurs nationales. Ses croyances, ses aspirations, ses intérêts, même ses faiblesses ne la poussent pas en cette direction. Sur le plan économique, la dépendance à l'égard de la France est totale. Le commerce des fourrures et les investissements militaires lient entièrement la colonie à la métropole. Le mercantilisme constitue même la philosophie acceptée sans restrictions de ces rapports économiques. On devrait même s'étonner, si on ne connaissait au préalable l'anémie de la bourgeoisie locale, que des pressions répétées n'aient pas été faites en vue d'obtenir un assouplissement du système colonial. Cette petite bourgeoisie éprouve bien une quelconque frustration à la vue de la toute-puissance des marchands métropolitains qui dominent les échanges entre la France et le Canada; mais elle n'a ni la force de s'affirmer ni l'énergie de protester. Aucun effort sérieux n'est fait pour faire valoir les intérêts de la colonie, encore moins les intérêts de la nation, contre ceux de la métropole.

Ce n'est pas seulement du point de vue économique que la Nouvelle-France est tributaire de la mère-patrie; elle en a même un besoin constant sur le plan militaire. Les rivalités commerciales avec la Nouvelle-Angleterre et les conflits européens dessinent sur la vallée du Saint-Laurent un danger presque permanent. On ne doit donc pas s'étonner si la colonie a toujours apprécié à son juste prix la protection que lui devait la métropole. Car il ne s'agit pas d'une simple garantie, variable au gré des événements; l'appui militaire de la France est une composante essentielle du système colonial et des croyances qui le supportent.

Mais, au niveau politique et social, les rapports sont encore plus intimes et profonds. C'est autour de l'idéal monarchique que se réalise toujours la synthèse des valeurs qui rallient l'ensemble des individus. Ce sentiment n'a d'ailleurs pas en lui-même une teinte nationale. La fidélité au monarque, en raisons de ses fondements religieux et politiques, s'impose au delà même des adhésions nationales. L'habitant de la Nouvelle-France participe au plus haut point à ce monde de valeurs, d'autant plus que sa situation ne lui laisse entrevoir aucune autre option. Ses structures sociales et ses croyances en cette matière, sans être un reflet exact de celles de la mère-patrie, en émanent jusqu'à un certain point.

Malgré les affinités profondes et l'attachement qui lient l'homme de la vallée laurentienne à la France, il porte en lui des adhésions propres à assourdir le choc qu'aurait pu provoquer la mutation de régime. L'habitant de la Nouvelle-France, parce que son univers implique l'indispensable présence d'une métropole et d'une monarchie, a les moyens de s'adapter rapidement à la situation nouvelle. Au surplus les scandales de la fin du régime français et un profond besoin d'ordre et de paix facilitent beaucoup la transition. L'attitude lucide et compréhensive des commandants militaires agit dans le même sens. Il ne faudrait cependant pas croire que le changement d'allégeance liquide tout le passé sans laisser de traces. Des craintes subsistent chez les paysans, en particulier celle de la déportation, crainte qu'on retrouve encore en 1775[4]. Mais, dans l'ensemble, la conquête n'a pas été la source d'un traumatisme qui expliquerait tous les maux dont aura à souffrir par la suite la société canadienne-française. C'est que les structures économiques, politiques, sociales et juridiques restent bien en place, au moins jusqu'en 1791. De sorte que la conquête n'engendre aucun changement essentiel dans la vie de l'habitant de la vallée laurentienne. Elle a même, en liquidant les profiteurs de l'ancien système, clarifié bien des situations et soulagé nombre de commerçants. Le mémoire présenté en 1765 par les commerçants canadiens-français[5] prouve non seulement la permanence en leur conscience des valeurs anciennes mais aussi le caractère tout-à-fait sain de leurs réactions face au nouveau régime et aux tâches qui s'imposaient. Au lendemain de 1760, l'homme de la Nouvelle-France n'est pas un être dont les ressorts psychologiques sont brisés et dont l'unique issue serait l'asservissement. Des perspectives fructueuses s'ouvrent à lui, des choix multiples sont inscrits dans les défis qui se posent à son attention. Son destin est donc lié à la qualité de ses réponses.

Dans ces conditions, on s'explique mal pourquoi la conquête aurait déclenché, ou la fameuse lutte pour la survivance, ou bien, la dégénérescence de la société canadienne-française. Entre 1760 et 1791, il existera des conflits mais ceux-ci n'ont aucun caractère national. Ils sont proprement sociaux et opposent les gouverneurs, les fonctionnaires et les seigneurs, de toutes origines, aux classes commerçantes. A cette époque, le clivage fondamental n'était pas encore ethnique mais social. Le professeur Creighton l'a bien montré[6]. Cependant, pour le professeur Lower, ces affrontements, sans être nationalistes, ont un caractère plus global.[7] Ils ont leur source dans les conceptions différentes que Canadiens français et Britanniques se faisaient de la vie individuelle et collective. Les variantes culturelles seraient déjà l'occasion de mésententes susceptibles de déboucher, dès que les circonstances seront propices, sur un nationalisme conscient. Ces deux

[4] Adam Shortt et Arthur Doughty, éds., *Documents relating to the Constitutional History of Canada*, 1759–1791 (Ottawa, 1907), p. 437.
[5] Archives publiques du Canada, Q 2, p. 434, Mémoire du 1er mai 1765.
[6] D. G. Creighton, *The Empire of the St. Lawrence* (Toronto, 1956).
[7] A. R. M. Lower, *Colony to Nation* (Toronto, 1946).

points de vue qui se complètent, constituent, selon nous, une approche valable mais, à certains égards, incomplète du problème des origines du nationalisme canadien-français.

En réalité, l'interprétation nationaliste ne vit pas que d'abstractions et de projections; elle s'appuie sur des faits, dont, sans le vouloir, elle exagère et déforme la signification. Ainsi, la politique exprimée dans la Proclamation royale de 1763 serait l'incident majeur qui aurait stimulé les réflexes défensifs des élites de la nation canadienne-française. Dès lors, le clergé et les seigneurs auraient assumé le leadership de la masse dans la bataille de la survivance et forcé, grâce à l'appui de bons gouverneurs, les dirigeants de Londres à réviser leurs positions. Cette conception fait d'abord erreur sur la signification réelle de la politique adoptée en 1763; elle confond traditionalisme et nationalisme et se méprend singulièrement sur la conjoncture de l'époque.

La politique, que les dirigeants anglais essayent de mettre en œuvre en 1763, n'avait pas été élaborée en vue de soumettre une majorité canadienne-française à une minorité britannique[8]. Au point de départ, elle reposait plutôt sur une double prévision. En effet, ses promoteurs croyaient que le nouveau régime inaugurerait une ère de prospérité sans précédent d'où sortirait en quelques années une société de type "mercantile" dominée par la bourgeoisie. Ils avaient, au surplus, la conviction que, grâce aux changements institutionnels et à ce nouveau contexte économique, la colonie assisterait à une immigration massive qui, en peu de temps, procurerait aux Britanniques la prépondérance numérique. Ces anticipations tenaient davantage au domaine du rêve qu'à la réalité. Très vite, on s'aperçut que la conjoncture était tout autre. La crise de 1765-66 eut à ce point de vue un effet salutaire. Les dirigeants gouvernementaux et bien d'autres se rendirent compte qu'avant longtemps ils ne pouvaient espérer un changement majeur dans les structures économiques. Quant à l'immigration, on en savait après quelques années d'observations le devenir peu prometteur.

Cette conjoncture défavorable aux desseins assimilateurs signifie, surtout à partir du moment où l'agitation révolutionnaire prend forme en Nouvelle-Angleterre, que le nouveau régime devait désormais s'appuyer sur la majorité canadienne-française, ses structures sociales et ses institutions. Cette situation valorisait en quelque sorte les fonctions assumées par les élites traditionnelles, par la seigneurie et par la Coutume de Paris. Dès lors, il ne peut être question d'imposer aux Canadiens français des institutions conformes aux ambitions de la bourgeoisie capitaliste et aux traditions britanniques. On comprend pourquoi, à peine installée, la politique de 1763 commence-t-elle à se

[8]F. Ouellet, « Les Fondements historiques de l'option séparatiste dans le Québec », *C.H.R.*, XLIII (3), Sept., 1962, 185–203.

désintégrer. Dans cette perspective, l'Acte de Québec apparaît comme la consécration de cette évolution et non comme l'initiateur d'un nouvel ordre de choses. Encore vers 1780, Haldimand écrira avec conviction : « Les Canadiens sont le peuple de ce pays...[9] » Il entendait par là que la politique suivie depuis 1765 avait toujours un fondement dans la réalité économique, sociale et démographique.

Il est bien évident que cette conjoncture n'était pas propice à l'éclosion chez les Canadiens français d'une conscience nationale, encore moins d'une réaction nationaliste. Au contraire, les élites s'accrochent de plus en plus à un régime qui reste solidaire des valeurs monarchiques et aristocratiques; à un régime qui respecte au plus haut point leurs convictions religieuses. Forts de l'appui de la bourgeoisie fonctionnariste, les seigneurs ne craignent pas d'afficher ouvertement le mépris qu'ils ont pour les négociants et ils caressent même l'espoir de voir renaître leurs anciens privilèges. Quant aux paysans, après avoir paru accepter de bonne grâce le nouveau régime, ils font preuve, au moment de l'invasion américaine de 1775, d'un étonnant manque de zèle. Les historiens nationalistes ont vu dans cette passivité de l'*habitant* l'indice certain d'une réaction de type nationaliste. En réalité, l'attitude des paysans se comprend très bien sans qu'on ait besoin d'invoquer les sentiments nationaux. D'ailleurs ceux-ci ne sont jamais exprimés à cette occasion. Une nouvelle conception du service militaire, l'appât du gain, la peur de la déportation, sentiment bien entretenu par les émissaires américains, des réminiscences des exploitations multiples dont il avait été l'objet pendant la guerre de Sept-Ans, tels sont les facteurs qui rendent le mieux compte du comportement de l'*habitant*.

La société rurale canadienne-française d'après 1760 demeure une société coloniale qui n'a pas encore appris à se définir autrement qu'en fonction de la métropole. En dépit de la distinction qui existe entre « anciens et nouveaux sujets », des solidarités nouvelles s'ajoutent contre-balançant d'une certaine façon les solidarités perdues. L'agriculture tend maintenant à s'articuler aux marchés impériaux[10]. L'habitant en profite et ainsi comprend mieux par ces rapports concrets le rôle indispensable de la métropole.

Le commerce des fourrures lui-même n'invite pas aux affrontements ethniques[11]. En effet celui-ci se déroule selon les directions d'autrefois. Les rivaux sont les mêmes : Albany et la Baie d'Hudson. De ce côté, rien de changé. Canadiens français et Britanniques

---

[9] Shortt et Doughty, éds., *Documents*, p. 468.

[10] Fernand Ouellet et J. Hamelin, « La Crise agricole dans le Bas-Canada (1802-1837) », *Etudes rurales* (1962), p. 38.

[11] Cette interprétation est celle donnée par le professeur Creighton dans son *Empire of the St. Lawrence*.

mènent côte à côte l'aventure exaltante de l'ouest. Au début, les premiers ont nettement l'avantage du nombre et de l'expérience. Du point de vue des capitaux, ils ne sont nullement inférieurs aux seconds. Jusqu'à la révolution américaine, le commerce des fourrures n'est donc pas une entreprise britannique. Les Canadiens français ont même conservé une certaine primauté. Mais, à partir de 1774, leur rôle de leaders diminue d'année en année, de sorte qu'en 1783, avec l'établissement de la Cie du Nord-Ouest, la primauté est passée aux Ecossais. La décapitation sociale, dont parle avec tant de ferveur M. Michel Brunet, n'est donc pas une conséquence directe de la conquête. Elle est plutôt le résultat de certaines déficiences de l'entreprise canadienne-française. Individualiste, le commerçant de fourrures canadien-français craint de s'associer à d'autres, de diversifier ses investissements; d'ailleurs, son goût de la dépense somptuaire l'en empêche souvent. Esclave du commerce des fourrures, il répugne à s'engager dans les autres secteurs de l'économie. Ce n'est qu'à partir de 1783 que l'entreprise canadienne-française connaît un sérieux déclin. De ce phénomène et de sa signification globale, personne n'eut, à vrai dire, une conscience claire avant le début du XIXᵉ siècle.

L'immigration loyaliste, cet accident démographique important, aurait pu déclencher un mouvement de xénophobie au sein de la population canadienne-française. Cette méfiance naturelle à l'égard de l'Etranger, qui est surtout le propre des sociétés rurales, aurait pu, si les circonstances s'y étaient prêtées, être convertie en nationalisme. Mais, encore là, la conjoncture n'est pas propice à un changement de nature dans les oppositions qui restent sociales. Toutefois, cette immigration pose le problème de l'insertion d'une forte minorité britannique dans une société peu préparée par ses cadres et ses institutions à la recevoir. Londres résoudra finalement ce problème par l'Acte constitutionnel de 1791 qui procédera à une division du territoire en fonction des données culturelles. La création du Haut-Canada et des townships est le fruit de cette vision des choses, prélude de futurs conflits nationalistes. L'établissement du parlementarisme en 1791 fut la seule concession importante faite aux milieux capitalistes.

En réalité, l'immigration loyaliste arrivait à une époque où régnait encore un grande abondance de terres dans le Québec. Elle arrivait à un moment où on assistait, grâce aux fourrures et au blé, à une accélération du développement économique. Le progrès quantitatif réalisé, à partir de 1785, ne signifiait cependant pas un changement majeur dans les structures économiques. Il était le fruit d'un mouvement de prospérité qui stimulait l'expansion de l'agriculture et des pelleteries. Cette conjoncture, source de bien-être pour la plupart, ne recélait rien qui puisse susciter dans l'immédiat une prise de conscience nationale. Au contraire, elle permet d'éprouver les bienfaits de la solidarité impériale. La Révolution française et ses guerres dont le début se situe en 1793 tend à rapprocher davantage les élites canadiennes-françaises du régime britannique. L'anglomanie fait même son apparition. Une admiration sans réserves pour les institutions anglaises prend place. S'il fut une époque dans l'histoire canadienne où l'unanimité idéologique fut près de se réaliser, c'est bien celle-là. Mais le XIXe siècle, avec ses tensions multiples, approchait qui allait bouleverser cet édifice fragile.

LA NAISSANCE DU NATIONALISME CANADIEN-FRANÇAIS : SON CARACTÈRE ET SES PREMIÈRES ÉVOLUTIONS (1802–1837)

Dès les premières années du XIXe siècle, on assiste à un changement très marqué d'atmosphère. L'optimisme et le fatalisme du siècle précédent font maintenant place à un climat d'inquiétude, d'agressivité qui débouche sur une multiplicité de conflits. C'est alors seulement que s'inscrit, au cœur d'une conjoncture nouvelle, le premier nationalisme canadien-français[12]. Ce nationalisme n'est d'ailleurs pas apparu, contrairement à ce qu'on a prétendu, chez les clercs et les seigneurs de vieille souche mais parmi les membres d'une nouvelle classe sociale : la bourgeoisie des professions libérales.

La naissance de cette bourgeoisie était pourtant un phénomène récent. N'eussent été le déclin de l'entreprise canadienne-française et celui de l'ancienne élite seigneuriale que son affirmation sociale s'en serait trouvée retardée. Au début du siècle, les professions libérales peuvent donc espérer devenir l'élite laïque de la société canadienne-française. La faiblesse des classes dirigeantes traditionnelles leur laisse la voie libre tandis que leurs intérêts et leurs aspirations les poussent en cette direction. Au sein de ce groupe en pleine croissance se dessine une conscience de classe qui le porte à se tailler une place de choix dans la société. Mais où se situera désormais son principal champ d'action ? Sera-t-il strictement professionnel, social ou politique ? Il est certain que dans le milieu rural, où les illettrés formaient la masse, ces demi-ruraux instruits en imposaient. Il est non moins évident que leur utilité sociale contribuait à leur importance. Disons enfin que leur origine rurale les rapprochait du peuple. Mais, à ces divers points de vue, les curés étaient leurs égaux, sinon leurs supérieurs. Un long passé d'autorité, une influence morale sans pareille, en plus du contrôle exercé sur certaines institutions, conféraient au clergé un prestige et une puissance inégalées. Entre les nouveaux venus et les clercs des tensions apparaissent; un affrontement se dessine. Dans la conscience

---

[12]F. Ouellet, « Nationalisme canadien-français et laïcisme au XIXe siècle », *Recherches sociographiques*, IV (1), 1963, 47–70.

de cette petite bourgeoisie, il y aura désormais place pour une pensée laïque et libérale. Mais la promotion de celle-ci restera tributaire de la promotion d'idéaux plus globaux et, en fin de compte, réfractaires au libéralisme.

Les professions libérales ne pouvaient tirer non plus leur prestige social de leur statut économique. A partir de 1800, la situation économique les favorise d'autant moins que leurs effectifs croissent à un rythme inquiétant. Chaque année, les collèges classiques, et on en fonde plusieurs après 1820, déversent dans la société un nombre toujours plus considérable de jeunes, aux vocations sacerdotales manquées et uniquement disponibles pour les carrières libérales. Il n'est pas étonnant que la pauvreté soit demeurée le lot de la plupart des individus engagés dans cette voie. Pierre Bédard et Norbert Morin en sont des exemples typiques. L'encombrement des professions libérales est une des caractéristiques principales de cette période troublée. Leur intrusion massive dans la politique en est une autre.

On comprend mieux pourquoi, grâce aux institutions parlementaires, ces petits bourgeois cherchèrent dans la politique le prestige nécessaire à leur reconnaissance sociale. La politique devint même le tremplin qui devait leur livrer accès aux postes administratifs et aux revenus attachés à ces fonctions. Toutefois les ambitions des professions libérales n'étaient réalisables, au niveau constitutionnel, que si leur action se situait sous le signe d'un certain libéralisme. La méfiance des fonctionnaires en place et la puissance de la bourgeoisie d'affaires au niveau politique vouaient, à moins qu'elle n'accepte le leadership social des capitalistes, cette nouvelle bourgeoisie à être une force d'opposition. Il fallait par conséquent exalter au maximum les droits de la branche populaire à l'intérieur des structures parlementaires et instaurer son contrôle sur l'Exécutif. La revendication hâtive dès les années 1808–10 de la responsabilité ministérielle, la lutte pour la main-mise sur la liste civile et, après 1831, l'effort pour étendre le principe électif au Conseil législatif n'ont de signification complète que dans cette perspective. La maîtrise des structures politiques et administratives en est l'objectif majeur. Il est vrai que ces réformes n'étaient pas demandées au nom d'intérêts particuliers mais au nom de considérations nationales. Même si le premier nationalisme canadien-français ne fut pas qu'un masque servant à promouvoir les seuls intérêts des professions libérales, il prenait tellement appui sur l'univers de ce petit groupe qu'il devient difficile de l'en dissocier.

En réalité, l'enracinement d'une conscience nationale chez les hommes de profession accompagne la mise en place d'une conscience de classe. La promotion des intérêts et des valeurs propres à cette bourgeoisie paraît impossible si elle ne s'appuie sur une idéologie susceptible de rallier la masse. On serait tenté de ne voir que simple opportunisme derrière ces appels aux droits de la nation. Mais ce nationalisme ne s'édifie pas que sur des fins privées; il prend appui sur des réalités et des aspirations collectives. Bien plus, il exprime la réaction plus ou moins consciente des milieux populaires canadiens-français devant la conjoncture nouvelle qui s'inscrit dès le début du XIXe siècle. On ne doit pas oublier que cette petite bourgeoisie était originaire du monde paysan. Le passage du milieu rural au milieu bourgeois s'était dans la plupart des cas opéré presque sans transition de sorte qu'il existait un sérieux décalage entre la mentalité réelle de ces nouveaux venus et leur statut social. De là, au reste, cette crainte et ce refus des valeurs et des croyances proposées par les capitalistes. Elite d'une société rurale, mal adaptée aux exigences du progrès économique et social, la bourgeoisie des professions libérales a tendance à se replier dangereusement sur le passé, à en extraire le sens national et à rejeter les appels au progrès. Le capitalisme, qu'elle considère comme une valeur proprement anglo-saxonne, deviendra vite à ses yeux l'agent par excellence de dissolution des institutions traditionnelles. Mais ce n'est pas surtout en tant que valeurs de tradition que celles-ci méritaient, croyait-elle, d'être protégées; c'est à titre de valeurs nationales. Les politiciens canadiens-français du début du XIXe siècle subissaient l'influence des idéologies européennes et, parmi celles-ci, le nationalisme était celle qui trouva le plus d'écho en eux.

C'est donc au niveau politique, par l'entremise d'un parti majoritaire, le *parti patriote*, que les professions libérales essayeront de mener la lutte nationale. Dans cette perspective, le libéralisme, compagnon inséparable du nationalisme, n'est plus, pas davantage que les idées démocratiques, qu'un instrument pour atteindre des objectifs nationalistes et asseoir des intérêts de classe. Cette attitude ouvrait la voie à un monde de contradictions. Des libéraux anticléricaux, pour un grand nombre, souvent agnostiques, aux prétentions démocratiques, défendront le régime seigneurial, la Coutume de Paris, les privilèges de l'Eglise et ils condamneront le capitalisme. En réalité, ils ne seront vraiment progressifs que lorsque les idées libérales serviront leurs intérêts de classe et leurs desseins nationaux.

Le premier nationalisme canadien-français n'est donc pas le résultat d'une vigoureuse poussée de croissance au sein de la société canadienne-française; il était d'abord le produit de malaises internes et des difficultés que cette société éprouvait à s'ajuster aux nécessités du temps. Il n'était pas le fait d'une culture en voie d'épanouissement à qui il aurait manqué de faire éclater les cadres coloniaux. Au contraire, il exprimait la mésadaptation des institutions et des hommes et les peurs de cette société face aux circonstances de l'époque. En ce sens, il reposait, malgré les besoins de régénération qu'on ressentait à tous les niveaux, sur une série de réflexes défensifs devant les défis multiples qui sollicitaient le Canada français.

Après une fin de XVIIIe siècle faite à beaucoup d'égards de croissance normale et de sécurité, voilà que les circonstances deviennent de moins en moins favorables. Dès les premières années du XIXe siècle, le commerce des fourrures, cette activité traditionnelle initiatrice d'un genre de vie, entre dans une phase de déclin qui dure jusqu'à la grande liquidation de 1821. C'est un monde qui disparaît peu à peu emportant avec lui les anciennes perceptions de l'espace. La perte de contact avec l'ouest et ses mythes contribue à replier beaucoup de Canadiens français sur les basses terres du Saint-Laurent. Elle les coupe de certaines attaches concrètes avec l'empire. Mais ce n'est pas là le seul recul de la période. La crise agricole, dont les premières manfestations apparaissent vers 1802, est un phénomène autrement lourd de conséquences[13].

Traditionnellement, l'agriculture du Québec avait reposé sur la culture du blé, cette céréale panifiable par excellence, qui servait en plus à articuler l'économie canadienne à celle de l'empire. Fondement de l'alimentation et « staple trade », le blé était donc au centre de l'activité de la majorité de la population canadienne-française. Son niveau de vie en dépendait au premier chef. Qu'intervienne une mauvaise récolte, aussitôt le monde rural et tous ceux qui en dépendaient connaissaient la misère. Après 1802 les mauvaises moissons ont tendance à se multiplier à une allure inquiétante. De même les surplus sont de moins en moins considérables. Pourtant la demande sur les marchés extérieurs allait dans un sens contraire. Bientôt le Bas-Canada est aux prises avec de sérieux déficits et il ne parvient que rarement à rétablir l'équilibre de sa production. Après 1832 le déficit est chronique et, sous l'effet de l'épidémie de la mouche à blé, il a tendance à s'amplifier d'année en année. Pourtant, rien ne peut expliquer cette situation malheureuse si ce n'est l'état arriéré des techniques agricoles. William Sutherland écrivait à ce sujet :

I verily believe that the almost total destruction of the wheat crops by the wheat fly, which was the case for 6 or 7 years, and just about the period of the rebellion in 1836 and 7, was in one respect an incidental cause of that rebellion. The French Canadian peasantry had always been in the habit of consuming a great deal of wheaten bread in their families. But by the wheat fly they were obliged to feed up on the inferior grain, oats and potatoes. I have myself observed among them the discontent this at first occasioned, and altho they could not blame the Government on this account, still when a man is suddenly reduced to more uncomfortable circumstances than customary, he is the more ready to receive the impulse of dissatisfaction infused into him by discontented and designing demagogues and their numerous emissaries.[14]

[13] Ouellet et Hamelin, « La Crise agricole », pp. 38–57.
[14] W. Sutherland, *On the Present Condition of United Canada as Regards to Agriculture, Trade and Commerce* (1849), p. 7.

Le fléchissement de la culture du blé sur le terroir québécois n'éloigne pas seulement l'habitant canadien-français des réalités impériales, il installe son existence dans un climat de pessimisme assez malsain. Car le recul de la production du froment, qui n'était pas le résultat d'une décision volontaire de l'habitant, impliquait à la fois l'abandon de conceptions agricoles enracinées depuis longtemps et un effondrement des revenus du cultivateur. Appauvri ou endetté, ce dernier devient dans l'impossibilité d'acheter les textiles anglais. Il se voit par conséquent dans l'obligation de produire lui-même son habillement. Comme résultat de ces circonstances pénibles, l'habitant à maintenant tendance à se replier sur lui-même, à s'accrocher à la tradition, même à celles qui lui nuisent. Il devient mécontent de son sort et agressif à l'égard de tout ce qui risque, directement ou indirectement, d'accroître son instabilité. Il n'est pas étonnant, vu son peu de motivations à renouveler ses techniques, qu'il ait recherché à l'extérieur un responsable de ses malheurs. Le capitaliste ou l'Anglais fait alors figure d'objet de ses craintes et de source de ses difficultés. D'ailleurs les politiciens, consciemment ou non, n'ont pas hésité à canaliser l'agressivité de l'agriculteur en cette direction. La crise agricole, par ses nombreuses implications, serait donc la toile de fond de l'aventure nationaliste et insurrectionnelle. Mais elle n'en est pas la seule composante.

Le surpeuplement du territoire seigneurial est un autre facteur essentiel de malaise pour le monde rural. Pendant le XVIIIe siècle, la population canadienne-française avait augmenté à un rythme extraordinaire, doublant ses effectifs en moins de 28 ans. Avec un taux de natalité oscillant autour de 50.0 pour 1000, il n'est pas étonnant qu'elle ait affiché une pareille performance. A peu près tout, peut-on dire, excepté la course des bois qui éloignait les maris et retardait les mariages, incitait à une telle progression. Les terres étaient abondantes et l'agriculture rendait bien. Mais, après le début du XIXe siècle, la situation change peu à peu. La croissance naturelle demeure la même jusqu'en 1850 mais les disponibilités du terroir commencent à décroître. Déjà vers 1810 on observe des portions de territoire saturées de population. Fait plus grave, alors que la productivité du sol fléchit, le morcellement des terres a atteint à ces endroits son maximum. Ces tensions encore isolées provoquent cependant une certaine inquiétude parmi les élites. Mais la situation évolue vite de sorte qu'en 1822 le surpeuplement existe à l'échelle du terroir seigneurial. Au reste, les seigneurs, parce qu'ils essayent de garder pour eux les bonnes terres et de hausser les droits seigneuriaux, sont en partie responsables de ces tensions démographiques. Le surpeuplement agricole est devenu à cette date une réalité permanente. Le problème acquiert un caractère de gravité exceptionnelle. On assiste à la naissance d'un prolétariat rural, formé d'individus en quête de terres. L'affaissement de la productivité sur les terres cultivées, tandis que la population croît à un rythme effarant, conduisait à une réduction de la densité de la population. Pourtant, il existait, en dehors des seigneuries, des étendues considérables de terres qui n'attendaient que l'arrivée des colons. Mais, tout se présente alors comme si les cantons constituaient un obstacle majeur à l'expansion démographique des Canadiens français. La réaction nationaliste qui représentait le système des townships comme un instrument d'anglicisation décourageait en fin de compte la canalisation des surplus de population des seigneuries vers les cantons. Alors qu'il aurait fallu construire des routes et pourvoir à leur entretien pour coloniser ces territoires, les politiciens canadiens-français se contentent d'exiger la conversion des cantons en seigneuries. La question des townships devient, vue sous l'angle strictement nationaliste, politisée à l'extrême. Ces querelles et bien d'autres raisons retardèrent la mise en valeur de ces nouveaux territoires. Pas plus que les immigrants, les Canadiens français ne furent vraiment attirés vers ces espaces disponibles. C'est l'époque où débute l'émigration canadienne-française vers les Etats-Unis.

On comprend mieux, dans ce contexte dominé par la crise agricole et le surpeuplement des seigneuries, les raisons de l'hostilité des habitants à l'égard des capitalistes et des immigrants. Les Canadiens français sont devenus hyper-sensibles à la question agraire sous toutes ses formes. La propriété terrienne, symbole de leur sécurité individuelle et collective, risque de leur échapper. Le sol est à nous, dira-t-on, visant le capitaliste et l'immigrant, tous deux intéressés à obtenir des terres. Fait tout aussi grave, l'immigrant apparaît comme un dangereux concurrent au niveau de l'emploi. Dès lors, aux yeux de la masse canadienne-française, les tensions démographiques dessinent une menace vitale sur l'avenir de la collectivité. La réaction nationaliste qui conduit à l'insurrection de 1837 ne se comprend pas si on ne tient compte de ce phénomène central.

La crise agricole du Québec et l'immigration avaient provoqué le déplacement des centres de production soit vers les cantons de l'est soit vers le Haut-Canada. Cette orientation nécessitait, entre autres solutions, un nouvel aménagement des communications. Il fallait à tout prix réduire au minimum les coûts de transport, si on voulait préserver le revenu du producteur et concurrencer les Américains. Mais il est un autre phénomène, aux conséquences plus décisives, qui finalement débouchait sur les mêmes exigences fondamentales. La baisse à long terme des prix[15], qui commence en 1815 et se prolonge jusqu'en

[15] Ce trend des prix apparait sur toutes les séries agricoles : blé, avoine, farine, œufs, foin, beurre, bœuf et bois. Voir Ouellet et Hamelin, « La Crise agricole », p. 48.

1850, crée dans le Québec un climat général de difficultés qui affecte l'ensemble de la société : les ouvriers, les paysans, les commerçants, les rentiers du sol, les professions libérales. Les salaires ont tendance à diminuer, les revenus de l'agriculteur à décroître, les bénéfices des commerçants à s'estomper. Cette conjoncture pose de nombreux défis à la société canadienne. La révolution des techniques agricoles en est un; la réduction des coûts de transport par la construction de routes et par l'aménagement des voies navigables en est un autre. Cette situation défavorable exigeait en même temps une réforme en profondeur du droit coutumier français et du système seigneurial. Ainsi, apparaissait l'urgence d'établir des bureaux d'enregistrement afin de faciliter la mobilité de la propriété foncière et de lui donner un caractère capitaliste. Telles étaient les réponses proposées par les milieux capitalistes afin de surmonter les difficultés présentes.

La réaction de la paysannerie et des professions libérales ne sera pas aussi positive. Au lieu de les inciter à rechercher des solutions positives aux problèmes, la situation économique les remplit de crainte et les entraîne à des réflexes défensifs. La canalisation du Saint-Laurent et les bureaux d'enregistrement, pour ne citer que ces exemples, deviennent à leurs yeux des machines infernales destinées à servir les intérêts des capitalistes anglais et des immigrants. L'habitant qui n'a jamais abandonné l'espoir de voir renaître la culture du blé sur le terroir québécois craint que la canalisation du fleuve ne lui interdise définitivement ce retour au passé.

La crise agricole, les tensions démographiques, les rivalités sociales sont les moteurs de la crise nationaliste de la première moitié du XIXe siècle. Mais, heureusement, il existait dans l'économie bas-canadienne un secteur en pleine expansion et dont le rôle fut d'assourdir le choc provoqué par les autres malaises. Le commerce du bois, qui naît à partir de 1808, aura donc en ce contexte défavorable une importance capitale. Entreprise essentiellement anglo-saxonne, au même titre que la construction navale, l'exploitation forestière était à la fois une source majeure de profits et l'instrument par lequel l'immigration massive avait été rendue possible. Ainsi envisagé, ce secteur apparaît plutôt comme une source de problèmes pour les chefs politiques canadiens-français. Mais, à d'autres points de vue, le caractère bienfaisant de cette activité primordiale ne fait pas de doute. En ces circonstances difficiles, elle est un précieux multiplicateur d'emplois soit pour les ruraux, soit pour les journaliers des villes et les immigrants pauvres. C'est par ce biais et parce qu'elle ouvrait un marché pour la production agricole, que l'exploitation forestière contribuera dans une certaine mesure à sauvegarder le niveau de vie d'une assez forte proportion de la population. Il est certain que l'attitude pacifique des habitants de la ville de Québec pendant l'insurrection de 1837 s'explique d'abord par la stabilité relative du commerce du bois et de la construction navale.

Ainsi, l'idéologie nationaliste, création de la bourgeoisie des professions libérales, était aussi le fruit d'une intériorisation par cette élite des malheurs de la société rurale canadienne-française. La volonté d'affirmation qui en résulte se fait par conséquent dans le sens de la tradition et à l'encontre du capitalisme qu'il soit commercial, financier ou industriel. Quant au clergé, il ne commencera à accéder au nationalisme que vers les années 1830. Il appartiendra à Mgr Lartigue, premier évêque de Montréal, de libérer le nationalisme de ses attaches libérales et d'en faire le moteur en vue de l'édification d'une société théocratique et cléricale.

Mais si le nationalisme est devenu l'idéologie dominante du Canada français de l'époque, c'est aussi qu'il s'est incarné dans des personnalités susceptibles de le faire valoir selon ses intentions profondes. Ce n'est certes pas un hasard si Pierre Bédard et L.-J. Papineau en sont devenus les portes-paroles authentiques. Il est certain qu'un nationalisme vigoureux, réaliste et ouvert au progrès se serait affirmé par l'entremise de personnalités moins doctrinaires, plus souples et, en fin de compte, plus équilibrées. Les choix collectifs se seraient portés sur des hommes, peut-être moins éclatants, moins intellectuels, mais surtout moins déchirés et plus actifs.

Tels sont les principaux facteurs qui rendent compte de l'évolution du nationalisme canadien-français depuis ses premières manifestations au début du siècle jusqu'à l'explosion de 1837. A mesure que les malaises économiques s'enracinent, que le capitalisme cherche à étendre son emprise, à mesure que s'inscrivent les pressions démographiques, les tensions sociales et les conflits politiques, le nationalisme canadien-français, stimulé par les mouvements européens, pénètre davantage dans les consciences. Jusqu'en 1830, la crise nationaliste n'aboutit cependant pas à une remise en question des structures coloniales comme telles; elle débouche plutôt sur une réforme des institutions parlementaires qui s'inspirerait d'une interprétation beaucoup plus libérale des traditions britanniques. C'est que les nationalistes croient pouvoir réaliser tous leurs objectifs en demeurant des *réformistes*. Néanmoins, à partir de la crise de l'Union en 1822, au cœur même de la querelle pour le contrôle des subsides, le nationalisme tend à se libérer peu à peu de ces solidarités passées. Le *parti canadien* devient le *parti patriote* et, dès lors, un esprit républicain inavoué chemine sous le masque réformiste. On prend maintenant conscience que la nationalité canadienne-française ne pourra pas s'épanouir sous l'écran protecteur des institutions britanniques. Les chefs politiques réalisent que l'accession des professions au pouvoir politique et au leadership social sera impossible aussi longtemps que le vieux système colonial restera en vigueur. Aussi les constructions politiques des *patriotes* s'inspirent-elles après 1830 du modèle américain. C'est pourquoi on revendique l'extension du principe électif à tous les niveaux où cette pratique paraît applicable. En même temps, l'opposition aux réformes économiques, sociales et juridiques se durcit. L'obstruction politique, pratiquée dans le passé avec tant de succès, acquiert un caractère systématique. On rêve maintenant d'une république canadienne-française, établie grâce à la collaboration forcée de Londres et ne conservant que de vagues rapports avec l'Angleterre. Mais, les plus violents et les plus réalistes songent à la révolution armée comme seul moyen d'obtenir l'indépendance. La Banque du Peuple, fondée en 1835, se donne comme but secondaire le financement d'une éventuelle prise d'armes. Il est certain que l'intensification des conflits conduisait après 1834 à un dénouement tragique. L'intransigeance et l'agressivité des adversaires atteint alors un sommet. Il suffisait de l'aggravation de l'une ou l'autre composante de la crise pour qu'une explosion se produise.

A cet égard, l'année 1837 présageait mal. La récolte de l'année précédente avait été des plus mauvaises et rien ne laissait entrevoir une amélioration prochaine. Pour comble de malheur, une crise financière déferle sur l'Angleterre et les Etats-Unis et rebondit en Canada. L'inquiétude et l'agitation gagnent toutes les classes de la société. C'est au milieu de cette détresse générale, pondérée dans une certaine mesure par la résistance du commerce du bois et de la construction navale, qu'arrive la nouvelle de l'adoption des fameuses résolutions de Russell. Un défi était lancé aux patriotes. Ces derniers ne pouvaient pas ne pas le relever.

L'échec lamentable des insurrections de 1837-38 n'est pas le résultat d'un hasard malheureux. Il ne doit pas non plus être imputé en premier à la seule opposition des clercs. C'est un facteur d'explication mais ce n'est certes pas le plus important. Ainsi, la conduite contradictoire d'un Papineau eut une portée aussi décisive sur l'issue du mouvement que les fulminations d'un Mgr Lartigue. En réalité, les insurrections étaient trop liées aux intérêts immédiats de certains groupes et individus pour réussir. Elles tenaient surtout trop à des malaises passagers, dont la solution réelle était ailleurs. L'indépendance du Bas-Canada n'aurait en rien résolu le défi de la révolution des techniques agricoles. En coupant le Québec des marchés impériaux, elle aurait plutôt accentué le sous-développement économique et laissé le champ libre à la théocratie et à la féodalité. L'idéal libéral et démocratique n'aurait certainement pas résisté à une pareille évolution.

Le Canadien and the British Constitution, 1806-1810

LAWRENCE A. H. SMITH

THE English Constitution is ... too complex a machine to be at once understood, adopted, and put in motion, by a simple and uninformed people, who have not been accustomed to political disquisitions and abstract reasoning. ... Rational and genuine freedom is not the child of theory." These words, which have a familiar ring for modern students of the British Empire, were in fact written in 1806 by a visitor to Lower Canada.[1] Hugh Gray's criticisms of the way in which the constitution of 1791 had been working out in the province were certainly not original. Both before and after 1791 there had been many who doubted the wisdom of a sudden grant to a people, used to autocratic rule, of a representative Assembly based on a franchise which was more liberal than even the contemporary British one. And Hugh Gray was merely echoing the feelings of those English-speaking representatives who had, from the very first session of 1791, found themselves in a continual and exasperating minority in an institution which they jealously considered that only they knew how to operate.

With the arrival of Sir James Craig as governor in 1807 the dissatisfied elements found a powerful ally. During his administration a determined effort was made to have the constitution amended or repealed, an effort which culminated in the Ryland mission to England of 1810. One of the arguments which was constantly pressed was that given above—that the French Canadians were ignorant of British constitutional practices and that therefore it was foolish to continue the constitutional experiment. Nor did this reasoning fall on unreceptive ears in England. The Secretary of State, Lord Liverpool, in a candid and friendly private letter to Craig, wrote: "I can assure you that we are all fully convinced of the Evils which have arisen from the Act of 1791, and of the absurdity of attempting to give what is falsely called the British Constitution to a People whose Education, Habits & Prejudices, render them incapable of receiving it."[2]

There were other arguments which Ryland presented to the British Government to build up his case. But this particular one merits closer study. An understanding of the political crisis which

[1] Hugh Gray, *Letters from Canada, 1806-1808* (London, 1809), 85.
[2] Add. Mss. 38,323, British Museum, Liverpool Papers, Sept. 11, 1810 (private).

Reprinted from *Canadian Historical Review*, XXXVIII (2), June, 1957

developed in the province during Craig's tenure of office depends on an understanding of the way the Assembly was seeking to work the new "British Constitution."

By 1807 the leading figures in the Assembly were a group of French-Canadian lawyers whom Craig described as a "new order of men"[3] and who, because of the declining influence of the seigneurs, had come to dominate the *habitant* members. At first ignorant of and inexperienced in the functioning of representative institutions, they had been developing through practice and study an increasing confidence in their own abilities. Some at least felt a debt to the English members. One was later to refer to them as "ceux qui nous ont montré le chemin, qui nous ont donné les premières idées de la bonne Liberté Britannique."[4] The crisis of 1809 to 1810 revealed how well they had learned their lessons. It would seem that these Canadian lawyers came to understand, adopt, and put in motion the constitutional machinery with amazing speed.[5]

The most useful source for an understanding of their political opinions is *Le Canadien*, the weekly newspaper which they founded in 1806. It is impossible to name accurately all who were instrumental in the production of the paper. Articles in it were usually written in the form of letters to the editor and signed with assumed names such as "Un Spectateur," "L'Ami de la Justice," or "Juvenis." Its founders and writers, however, certainly included Pierre Bédard, Louis Bourdages, J. B. Planté, J. A. Panet, Michel Berthelot, François Blanchet, Louis Borgia, J. T. Taschereau, and P. D. Debartzch.[6] All of these men were either advocates or notaries with the single exception of Blanchet who was a medical practitioner. The first named five were members of the Assembly in 1806 at the time of the founding of *Le Canadien* and the other four had all become members by 1809. Moreover, in 1810 when the presses of the paper were seized by the Executive Council it was discovered that at

---

[3]C.O. 42/136, Craig to Castlereagh, Aug. 4, 1808.
[4]Address by Pierre Bédard to the electors, *Quebec Gazette*, Nov. 9, 1809.
[5]For a similar opinion see H. T. Manning, "The Civil List in Lower Canada," *Canadian Historical Review*, XXIV (1943), 47.
[6]F. J. Audet, "Louis Bourdages," *Proceedings and Transactions of the Royal Society of Canada*, 3d ser., XVIII (1924), sec. I, 87; Audet, "Joseph Le Vasseur-Borgia," *ibid.*, XIX (1925), sec. I, 68; Audet, "L'Honorable Pierre-Stanislas Bédard," *ibid.*, XX (1926), sec. I, 35–7; Audet, "Joseph-Bernard Planté," *ibid.*, XXVII (1933), sec. I, 139; N. E. Dionne, "Pierre Bédard et son temps," *ibid.*, 2d ser., IV (1898), sec. I, 87–8; I. Caron, "Mgr. Joseph-Octave Plessis," *Le Canada français*, 2d ser., XXVIII (April, 1941), 792; C. Roy, *Nos Origines littéraires* (Quebec, 1909), 91–5n.

least three more members of the Assembly were also "proprietors" of the paper—François Huot, François Bellet, and Thomas Lee.[7]

Craig, then, could report with some reason that *Le Canadien* "was supported principally and almost entirely by the . . . Leaders of the Party."[8] This did not mean that the letters published in *Le Canadien* presented a unified front. There was room for argument. On such matters as the role of commerce in the province there was considerable controversy. A close reading of the paper would indicate that its writers formed a loose intellectual circle rather than a tightly knit organization. Nevertheless, in political and constitutional matters there was a cohesive body of thought being developed within its pages. Here Pierre Bédard was, it would seem, the main influence; he was their deepest thinker and principal writer on such subjects.[9]

As is well known, *Le Canadien* was originally founded by these Lower Canadian lawyers to defend the character of the French Canadians against the malicious attacks of the Quebec *Mercury*.[10] The honour of the French Canadians was to be upheld under the motto of *Fiat Justitia Ruat Cœlum*.[11] Soon a bitter counter-attack was launched by the paper against the so-called anti-Canadians who wanted to anglicize the province. This aspect of the newspaper's history is certainly the most famous one. There was, however, another purpose behind the founding of *Le Canadien*. The opening paragraph of its prospectus read: "Il y a déjà longtems que des personnes qui aiment leur pays et leur Gouvernement, regrettent en secret, que le trésor rare que nous possedons dans notre constitution, demeure si longtems caché, faute de l'usage de la liberté de la presse, dont l'office est de repandre la lumière sur toutes ses parties."[12] The inhabitants, then, were to be shown the glories of their new constitution and instructed in the functioning of its various parts. Those who had been teaching themselves were now to become teachers of others.

The first and basic lesson to be propounded was that which had been acted upon in the first provincial Parliament—that the intention

[7]C.O. 45/47, Minutes of the Executive Council of Lower Canada, March 17 and 19, 1810.
[8]C.O. 42/136, Craig to Castlereagh, Aug. 5, 1808.
[9]N.E. Dionne, *Pierre Bédard et ses fils* (Quebec, 1909), 78.
[10]This aspect of the paper has been described in A. Faucher, "*Le Canadien* upon the Defensive 1806–1810," *Canadian Historical Review*, XXVIII (1947), 249–65.
[11]The motto "Notre langue, nos institutions et nos lois" has often been wrongly attributed to this period.
[12]*Le Canadien*, Nov. 13, 1806.

of the King and the Imperial Parliament, in granting an Assembly, had been to give "une Grande Majorité aux Canadiens dans le Bas-Canada" so that they might be protected from the tyranny of their political opponents; and the speeches of Pitt, Fox and Burke, carefully extracted, were given to prove the point.[13] From this there followed a somewhat surprising interpretation.[14] The Assembly had been given not to an alien population but to new subjects who were just as British as any group in the United Kingdom. "Tous les habitans de la province ne sont ils pas Sujets Britanniques? Les Anglois ici ne doivent pas plus avoir le titre d'Anglois, que les Canadiens celui de François. Ne serons nous j'amais connus comme un Peuple, comme Américains Britanniques?"[15] A French-Canadian representative, on being elected, could compliment the electors on being "dignes de porter le titre glorieux de libres sujets Britanniques."[16] England was even referred to as "la mère-patrie."[17]

These assertions did not mean that *Le Canadien* wanted to see the Canadian character of the province in any way reduced; its attack on the anti-Canadians was maintained. What it did mean was that the constitution, by allowing a majority to the French Canadians in the Assembly, allowed it to a people who were no different from the Scots or Irish or English within the Empire. "Croyez-vous qu'un Irlandois fût coupable de haute trahison, s'il engageoit ses compatriotes à choisir plutôt un de leurs qu'un Ecossais de Perth . . . ?" Why then, it was argued, did the "English" in the province maintain that colonies should be ruled by the English? Whom did they mean? Just the English? Or the Scots too? And if the Scots, then why not the French Canadians as well?[18]

Granted, therefore, that the Canadians should hold both by reason and law a majority in the Assembly, it had to be shown how this Assembly as a British institution was supposed to function within the constitution. Here the writers in *Le Canadien* were on rather difficult ground. An appeal could not be made to the Act

[13]*Ibid.*, Dec. 6, 1806.
[14]i.e. surprising as compared to the withdrawal into the shell of nationalism which took place at a later period, but not surprising for the time. See Mansfield's propositions in *Campbell* v. *Hall* (1774): "conquered inhabitants . . . become subjects; and are universally to be considered in that light, not as enemies or aliens. . . . An Englishman in . . . the plantations has no privilege distinct from the natives while he continues there": V. Harlow and F. Madden, *British Colonial Developments 1774–1834* (Oxford, 1953), 78.
[15]*Le Canadien*, Nov. 22, 1806; also July 9, 1808.
[16]François Huot to the electors of Hampshire, *Quebec Gazette*, Nov. 9, 1809.
[17]*Le Canadien*, Sept. 23, Nov. 11, 1809.
[18]*Ibid.*, July 9, 1808, Dec. 30, 1809.

of 1791 because it contained almost nothing descriptive of the role of the lower House. Nor had there been time to build up much constitutional precedent within the colony. Consequently lessons about its functioning had to be drawn from overseas, particularly England. And this meant that these Canadian lawyers, if they were not to be laughed to scorn by the English-born residents who believed that only they knew how the English constitution worked, had to buttress up every argument with incontestable authority. There can be little doubt that they, in their admiration for the new constitution, had made a deep study of the British political tradition so that they might be able to grasp the opportunities offered by representative government.

These "authorities" were no doubt carefully selected. References in *Le Canadien* were made to those which best backed up the political ideas of the Canadian lawyers. It would seem, however, that these sources simultaneously had a profound influence in moulding their thinking. Roughly three strands can be separated in an examination of these overseas influences: there were the individual figures representing the liberal tradition in British politics; there was the entire body of precedents and usages of the British constitution; and lastly there were the political theorists.

The first of these sources was of no distinguishable importance to *Le Canadien*. Such figures might illuminate what was considered to be the freedom and the great tradition of the British constitution, but they could not be of much use to a group of lawyers who were seeking to give legal proof to their assertions. Consequently no references were made in their paper either to English radicalism or to the movement for reform in the Imperial Parliament. Moreover, it must be remembered that the writers of the paper were always anxious that it should be well received in England. They knew full well that their enemies would immediately raise before the British Government any "passages malheureux" which might be printed.[19] They did not want to be portrayed as radicals out to change things but as respectable constitutionalists with conservative purposes. Charles James Fox, however, seems to have been taken to their hearts. Generous, flamboyant, passionate, and with an intense love of freedom, he touched a chord in the hearts of the young Canadian lawyers which made him appear "une véritable illusion." He, above all others, merited a special place in their publication.[20]

[19]*Ibid.*, March 14, 1810.
[20]*Ibid.*, April 25, 1807, July 30, 1808. *Le Canadien* was fully aware of Fox's attitude towards the Act of 1791.

The laws and precedents of the English constitution were a much more important source of authority. A question of privilege in the Assembly often resulted in the appointment of a committee to search in the Journals of the British House of Commons for cases as similar as possible to the question under discussion.[21] Such cases could not be gainsaid. (Political opponents might maintain that British parliamentary privileges did not exist in Lower Canada, but there were few of the English party in the lower House who were willing to go to that length.) As a result, coupled with the lawyers' insistence that the "Canadian" character of the Assembly had to be preserved, there developed an equally strong desire to make the institution as "British" as possible in powers and privileges.

This stratagem had been acted upon since 1792. J. A. Panet, as speaker in the first Assembly, laid claim on behalf of the House to "the freedom of speech, and generally all the like privileges and liberties as are enjoyed by the Commons of Great Britain." Such a claim was not new in the Empire. In 1815, when Lord Bathurst asked the Law Officers of the Crown whether the Assemblies of the two Canadas had a right to such privileges, they replied that the claim had been previously made by other colonial assemblies but had never been recognized. Since the Act of 1791 had not delineated specific privileges to the Canadian lower House, they continued, those they possessed were "confined to such only as are directly and indispensably necessary to enable them to perform the functions with which they are invested, and therefore may be fairly said to be incidental to their constitution." In Lower Canada the representatives of the Crown had replied in this limited spirit from the beginning.

Lieutenant-Governor Clarke had replied to Panet that the Assembly could depend on "the full exercise and enjoyment of all just Rights and Lawful Privileges."[22] The terms just and lawful thus came to have different meanings for the Assembly and for the Government. The former continued to see itself as a replica House of Commons, while the latter tended to see differences but avoid any clear definition of what was "incidental" to the Constitutional Act.

Such theoretical problems, however, had been worked out in response to specific problems as they rose. By the time of the

[21]See, for example, *Journals of the Legislative Assembly of Lower Canada*, Feb. 16, 29, 1808. (Referred to hereafter as *Journals of the Assembly*.)
[22]A. G. Doughty and D. A. McArthur, eds., *Documents relating to the Constitutional History of Canada, 1791–1818* (Ottawa, 1914), 162 n., 480–3.

founding of *Le Canadien* the lower House had already had many of the demanded privileges confirmed, including freedom of debate, freedom from arrest in civil cases for members, the right of regulating internal proceedings, the right of initiating all revenue bills, taxes, and grants, the power of expelling members by resolution, the power to commit for acts of contempt of the Assembly or for attempts to "intermeddle" in the House.

Following the establishment of *Le Canadien*, the Canadian lawyers were able to appeal to British precedents in a way they could not do before. They were able, for example, to defend the privileges of the House even when it was not sitting. When, in March, 1809, Craig gave only twenty-six days notice of the summoning of Parliament,[23] *Le Canadien* announced to its readers that the Lower Canadian legislature should be entitled to the same privilege as its British counterpart and that therefore notice should be given at least forty days before the date fixed unless there were pressing circumstances. It went on to warn that in England such an abuse of prerogative could result in the impeachment of the ministers who had advised such a course.[24] When, in June, 1809, it was felt that the administration was trying to exercise an undue influence in the Assembly and over elections, *Le Canadien* published in bold capitals across the top of the front page an extract from the Bill of Rights:

"QUE L'ELECTION DES MEMBRES DU PARLEMENT DOIT ETRE LIBRE: QUE LA LIBERTE DE LA PAROLE ET DES DEBATS OU DES PROCEDURES EN PARLEMENT, NE DOIT ETRE SUJETTE A AUCUNE ACCUSATION, NI A ETRE MISE EN QUESTION DANS AUCUNE COUR, OU DANS AUCUN LIEU HORS LE PARLEMENT."[25]

Hatsell's *Precedents*,[26] too, was quickly adopted as an authority and a guide book to parliamentary procedure and privilege. It was already in the legislative library and the Assembly voted in 1806 to have it translated into French so as to be easier to read for the members.[27] In *Le Canadien*, moreover, it was used to cite British examples for political arguments advanced by the writers.[28]

All these different lessons imported from England explained how the constitution actually worked, not what it ought to be. The

---

[23]On March 14 Craig announced that the session would convene on April 10.
[24]*Le Canadien*, March 25, April 1, 1809.
[25]*Ibid.*, June 3, 1809. This remained part of the masthead in the following issues.
[26]J. Hatsell, *Precedents of Proceedings in the House of Commons* (4 vols.; London, 1796).
[27]*Journals of the Assembly*, April 1, 1806.
[28]Dec. 27, 1806, March 25, 1809.

political theory to which the leaders of the Assembly looked was of the same nature. Again the desire to preserve respectability and legality made them shun all radical political thinkers—at least in public utterance. They wrote no abstract theories about the rights of man, or social contracts, or utopian forms of government. They proclaimed to all that the constitution under which they lived was already the epitome of wisdom and freedom, "un trésor rare."[29] Sir William Blackstone and J. L. DeLolme suited their needs perfectly: the *Commentaries on the Laws of England* and the *Constitution of England* were considered to be practical guides for the student of politics. These works analysing and explaining the working of the constitution while praising it had a wide acceptance in contemporary England. *Le Canadien* treated John Locke in the same analytical fashion. It shunned his theories about natural law and contract and concentrated on his closely reasoned arguments which sought to justify the Revolutionary Settlement and to expound the rule of law and toleration. All three of these authors were constantly used as references in *Le Canadien*, together with the sources previously mentioned, to illustrate the important functions of the lower House and the independence which was therefore necessary for it.[30]

"Ils [Blackstone and Locke] montrent que le pouvoir exécutif n'a le droit d'exercer aucune censure sur les branches de la legislature; que le pouvoir exécutif, comme tel, est inferieur au pouvoir legislatif, et que comme étant une des branches de la legislature, quoique la première en rang et en dignité, les autres branches ne sont aucunement dans sa dépendance."[31]

The extent to which such English sources could be used to illuminate the Canadian constitution can be seen in the issue of June 3, 1809. This edition contained the above translation from the Bill of Rights; a long section from Rapin's *History of England* wherein the author had shown that James II's flight had been due to bad councillors and judges and attempts to influence elections (all an indirect commentary on Craig's actions); extracts from chapters two and seven of the first volume of Blackstone's *Commentaries* in which the author discussed election writs and the limits to royal prerogative; part of chapter twelve of Locke's second *Treatise of Civil Government* which discussed the supremacy of

[29]*Le Canadien*, Nov. 13, 1806.
[30]See, for example, the issues of Jan. 31, 1807; June 25, July 2, 9, 16, 23, 1808; March 25, June 3, 24, July 29, Sept. 23, 1809. DeLolme was extensively quoted to show the role of a free press in the constitution.
[31]*Le Canadien*, June 3, 1809.

the legislative power; comments by the editor on all this; and a stirring translation of "Rule Britannia." It was an exceptional edition and was caused by the Governor's angry dissolution of Parliament two weeks earlier, but it does show how in times of censure the French-Canadian lawyers immediately looked to British precedents to substantiate their own position.

This process was straightforward in matters of privilege and function. But in using Blackstone and DeLolme to prove the necessity of free elections or an independent House, the Canadian lawyers adopted more than a guide book which would give them "une idée du pouvoir et des privilèges de notre Parlement Provincial";[32] they also inherited a political philosophy. What has been described as "the real keynote of Blackstone and DeLolme"[33] was the Montesquieu interpretation of the division and balance of powers within the British constitution. Both Blackstone and DeLolme saw the secret of political freedom as resting in a constitutional equilibrium, in a mechanical balance of power within the state. In the former this point was clearly made:

"And herein indeed consists the true excellence of the English Government, that all the parts of it form a mutual check upon each other. . . . Thus every branch of our civil policy supports and is supported, regulates and is regulated, by the rest: for the two houses naturally drawing in two directions of opposite interest, and the prerogative in another still different from them both, they mutually keep each other from exceeding their proper limits. . . . Like three distinct powers in mechanics, they jointly impel the machine of government in a direction . . . partaking of each, and formed out of all; a direction which constitutes the true line of liberty and happiness of the community."[34]

DeLolme elaborated this idea to an even greater length. His work was an exposition of how this process of check and counter-balance had made Britain a place where "Liberty has at last been able to erect herself a Temple."[35]

Now the Act of 1791, by dividing the Executive and Legislative Councils for the first time in colonial history, and by creating an Assembly, made possible the belief that the constitutions of the two Canadas had been modelled on that of Great Britain.[36] As a result an attempt was made in Lower Canada, as it had been in

[32]*Ibid.*, Sept. 23, 1809.
[33]J. H. Laski, *Political Thought in England from Locke to Bentham* (London, 1927), 128.
[34]*Commentaries on the Laws of England* (9th ed.; London, 1783), I, 154-5.
[35]*The Constitution of England* (London, 1775), 446.
[36]*Le Canadien*, Sept. 23, 1809.

the United States, to apply a formula for liberty and stability which had descended from Montesquieu. Political theorists such as Pierre Bédard did not maintain that the Canadian constitution was an exact copy of the English one. It was admitted that the Governor, although the representative of the King, had only a shadow of his prerogative right, and that the Legislative Council had none of the judicial power of the Lords. But these differences were seen to lie mainly in the upper two-thirds of Parliament, not in the Assembly, whose powers and privileges were similar to those of the Commons. How far this similarity extended was regarded as "une question abstraite sur laquelle il ne pouvoit être donné de decision." In a colonial assembly, as in the House of Commons, the extent of powers and privileges had to be kept indefinite so as to be kept flexible and able to meet changing circumstances; "on decide sur chaque cas particulier à mesure qu'il se presente, et cela est suffisant."[37]

In applying the British parliamentary model to the Canadian constitution, therefore, the popular leaders were chiefly concerned with how it affected the role of the Assembly. And the differences between institutions did not stop them from applying the Blackstone-DeLolme theories of equilibrium to Lower Canada. To Bédard, the province enjoyed "une Constitution où tout le monde est à sa place." The Assembly had to be independent of the other branches of the legislature in order to protect the rights of the people against any abuse of prerogative by the representative of the King, and in order to preserve the equilibrium. "C'est qu'il existe un équilibre tellement menagé entre les droits du peuple et les siens, que s'il va au dela des bornes que la constitution lui a assignées, ou s'il fait de son autorité un usage inutile, le peuple a un moyen sur et juste de l'arrêter dans sa marche."[38]

In legislative matters the balance was easy to perceive: the Assembly, Legislative Council, and Governor corresponded to the three parallel parts of the Imperial legislature and each could exercise the necessary checks on the other two in the passing of bills. The maintenance of the perfect equipoise, however, demanded that the Houses should be constantly on the watch to resist encroachment by the royal prerogative, for it was argued that if the executive branch gained any degree of control over the legislative Houses, then their power would be lessened and the equilibrium

[37]*Ibid.*, June 24, 1809. N. E. Dionne (*Bédard et ses fils*, 98 ff) definitely attributed these words to Bédard.
[38]*Ibid.*, Nov. 4, 1809.

destroyed. Such pure theory corresponded to the actual conditions no more in Canada than it did in England. It was an essential part of the working of the eighteenth-century constitution that the King should be able to aid his ministers to gain and maintain a majority in the Commons. But the theory was a useful one for the popular leaders in Lower Canada to put forward, for it showed that if an independent Assembly was a necessary part of the constitution then it was also implicit in the 1791 Act, and hence had a legal basis. Thus for example in 1809 Bédard and Blanchet succeeded in passing a resolution in the Assembly "that every attempt of the Executive Government, and of the other branches of the Legislature, against this House, whether in dictating or censuring its proceedings . . . is a violation of the Statute by which this House is constituted; a breach of the privileges of this House against which it cannot forbear objecting. . . ."[39]

From this theory of checks and counter-checks, there also sprang another belief of the Canadian lawyers in the Assembly. Blackstone and DeLolme in pointing out that the balance of the constitution could only be preserved if the executive was kept within due limits had also pointed out the proper method of doing so: "And this executive power is again checked and kept within due bounds by the two houses, through the privileges they have of inquiring into, impeaching, and punishing the conduct (not indeed of the King, which would destroy his constitutional independence; but which is more beneficial to the public) of his evil and pernicious counsellors."[40] In a similar fashion DeLolme had shown that censurable acts of the King were always to be considered as "the faults of his Ministers, or in general of those who advised him."[41] The French-Canadian leaders in the Assembly were thus faced with the problem of how the idea of the King's ministers in England was to be fitted into the parallel constitution of Lower Canada. And to *Le Canadien* it thus became a logical necessity that there had to be a ministry in the province.[42] It did not maintain that a ministry had been set up in 1791, but rather that it was implicit in the nature of the constitution. To those who replied that this maxim was ridiculous, that the Governor took his directions from England and could act without advice, *Le Canadien* retorted that

[39]*Journals of the Assembly*, Feb. 3, 1809.
[40]Blackstone, *Commentaries*, I, 155.
[41]DeLolme, *The Constitution of England*, 436–7.
[42]The idea of a ministry received early treatment in *Le Canadien*, as, for example, in the issue of Jan. 31, 1807.

such an interpretation would deprive the Canadians of an exercise of their constitutional rights.

"Car s'il vrai (comme on ne sauroit nier) que la Personne du Representant du Roi doive être sacrée et inviolable ici, comme l'est la personne meme du Roi en Angleterre; dire que c'est le Representant du Roi qui fait tout ici, c'est ôter aux Canadiens le droit d'examiner les actes publics du Gouvernement. A quoi leur sert alors la part qu'ils ont dans la Legislation, si on leur ôte le moyen de connoître les abus auxquels il y'auroit à remedier par cette legislature?"

And appeals were made to both Blackstone and DeLolme in an effort to prove the point.[43]

In the Assembly, too, the lawyers put forward a strong argument of a similar nature. On April 15, 1809, when the House was drafting its return address to the Governor, Bédard and Bourdages acted together in an effort to censure the Governor's advisers. Bourdages's speech, in support of his amendment to the address, was very much in the Blackstone tradition. He first pointed out how essential it was for the Assembly to preserve its independence against attempts from above to dominate it. If one adopted, he went on, the sentiment of those who said there was no ministry in the country, then only two courses of action would be possible: either the Assembly would have to give up all hope of examining executive action, or else it would have to adopt the monstrous idea of rebuking the Governor himself, the figure who represented in the Canadian constitution "la personne sacrée" of the King. Neither of these courses was possible. Therefore, his argument was reported to continue, "... cette idée du ministère n'étoit pas un vain nom ... mais un idée essentielle à la conservation de notre constitution."[44]

The logic of these reasoning processes in *Le Canadien* and in the Assembly which sought to prove the actual existence of a ministry through the logical necessity of a ministry is somewhat open to criticism, to say the least. Moreover, many contemporaries such as Sir James Craig viewed these arguments as little but hypocritical and dangerous clamour whereby these men wanted to force their way into office: "They either believe, or affect to believe, that there exists a Ministry here and that, in imitation of the Constitution of Britain, that Ministry is responsible to them for the Conduct of Government. It is not necessary to point out to your Lord-

[43] *Le Canadien*, June 25, July 16, 1808.
[44] Speech of April 15, 1809, reported in *Le Canadien*, April 26, 1809. (This speech has been attributed to Bédard, but it seems clear from the account that it was made by Bourdages.)

ship the steps to which such an Idea may lead them."[45] Without doubt desire for office was a strong motivating factor in the minds of the lawyers. In his speech Bourdages had gone on to show that Craig would have to change his advisers before he could become acquainted with the feelings of the inhabitants. Nevertheless, these arguments which attempted to prove the need for, or rather the existence of, a ministry in Lower Canada, do represent a serious and sincere attempt to use British traditions in order to adapt the 1791 constitution to local conditions and to make it workable. One would have to strain to see in them a precursor of responsible government. It was never implied that the Governor could not choose his advisers completely as he pleased nor that they had to have the confidence of the House. Nor was it implied that they should have a collective responsibility. The theory was a legal one, that the advisers of the Governor should not remain concealed and that they should be subject to the censure of the Houses in order to prevent abuse and maintain the balance of the constitution. In short there simply had to be someone whom the Assembly could blame for executive actions, not where the legitimate use of prerogative was concerned, but where the supposed privileges and powers of the Assembly were invaded.

As it has been seen, the basis of the constitutional theory and practice of the lawyers was English in origin. From England also came indirect influences as reflected from and modified by other parts of the Empire. In their search for lessons which could teach them how to work parliamentary institutions, the French-Canadian lawyers had not been content to look to the metropolis only.

In 1811 the library committee of the Assembly made a very interesting report to the House. It advised the purchase of, among other publications, Hume's *Essay on Taxation*, Locke's *On Civil Government*, Bentham's *Principles of Legislation*, Cobbett's *Parliamentary History* and *Parliamentary Debates*, and the statutes and journals of the assemblies of Upper Canada, Jamaica, Barbados, New Brunswick, New York, and Nova Scotia.[46] As already shown above, works like those of Hume and Bentham were not well suited for the use to which the writers of *Le Canadien* wanted to put their documentary sources; they dealt too much with principles or theory and not enough with legal analysis or precedent. Consequently they

[45]C.O. 42/136, Craig to Castlereagh, Aug. 5, 1808. The passage is quoted in W. P. M. Kennedy, *Documents of the Canadian Constitution 1759–1915* (Toronto, 1918), 250, with a slight variation in text.
[46]*Journals of the Assembly*, March 8, 1811.

could not be used publicly as authorities and the extent to which they influenced the minds of the lawyers is impossible to estimate.

But in the case of the statutes and journals of other colonies in the Empire, such objections did not exist. In fact the use which older colonies had made of representative government could be, and was, a valuable lesson. As a result, more than rum was imported from the West Indies. The conflict between the Assembly and Governor of Jamaica, which developed in 1808 following the insurrection in May of that year, was watched closely in *Le Canadien*. It published at great length the proceedings of the Jamaican Assembly and its claims to the same privileges and powers as the House of Commons, particularly to the right of investigating all acts prejudicial to the public safety and of summoning before its bar all military and civil personnel save only the Governor.[47] When it was learned in Lower Canada four months later that the Duke of Manchester had been instructed from England to take conciliatory action concerning the Jamaican Assembly, *Le Canadien* published a long article in which the lessons for Lower Canada were clearly drawn. It quoted the *New Scotsman* to show that public and official opinion in England had viewed the actions of the Jamaican Assembly as being perfectly constitutional and correct in spite of the Governor's prorogation. Such an example, then, should be a spur to the timid in the Lower Canadian Assembly. "En confrontant les resolutions de la chambre d'assemblée de la Jamaïque, qui ont été approuvées en Angleterre, avec celles de la Chambre d'assemblée du Bas-Canada, on verra si la chambre du Bas-Canada a été à la moitié des pretensions de celle de la Jamaïque."[48]

The mere amount of documentary reference in *Le Canadien* to overseas precedents and political thinkers does not and can not prove motivation. All that can be seen is that the French-Canadian lawyers who controlled the majority in the Assembly looked both directly and indirectly to Great Britain to see how the constitution should run. It would seem that the influence was deep. It must not be forgotten, however, that these were war years. The French Canadians, under suspicion of treason and disloyalty by many of their political opponents, and therefore anxious to show their attachment to the government, would undoubtedly have used as many "British" ideas as did not endanger their way of life. Moreover, the

[47]*Le Canadien*, Feb. 18, 1809.
[48]*Ibid.*, June 24, 1809. Significantly, lessons were also drawn from Jamaica in the issue of July 1, 1809; from Bermuda in that of May 13, 1809; from the former Massachusetts Bay in that of June 24, 1809.

years of war with France were accompanied by years of near-war with the United States. Sympathetic references to the constitutional history of either of these countries would have led to the immediate accusation of treason. As a result, the political idealism which led to revolution in both these countries, and which one might expect would have had a profound effect in Lower Canada (through reasons of race, language, and geographic proximity) could never be openly expressed by the young intellectuals. That there was influence to some degree from France and the United States cannot be doubted. It is possible to see traces of Voltaire even in *Le Canadien*.[49] And the story has been told of a captured French ship, containing books by eighteenth-century French writers, being brought into Quebec and its cargo sold to the eager population before the Catholic Church authorities could stop the sale.[50] Then too the provincial executive was always worried about the number of youths who were going to the United States for their education where they were suspected of picking up "pernicious principles."[51] François Blanchet, for example, who had studied medicine at Columbia College, was reported by Craig to have returned with "principles of the purest democracy."[52]

Although the revolutionary traditions of France and the United States can be expected to have made some impression on the Canadian intellectuals, it must be remembered that the English constitution in the eighteenth century was viewed by most of the world as a marvel of reason and freedom. This admiration seems to have been inherited by the Canadian lawyers. It would certainly not have been greatly damaged through a perusal of Montesquieu or Diderot or Voltaire. A deep mistrust might have come from the United States, but the French Canadians felt no great kinship with their southern neighbours. Consequently, so long as a Pierre Bédard believed that British constitutional practice could be successfully applied to Lower Canada, he had little need to look to other solutions. To him French rule was a time when a governor was "une homme devant laquelle il n'étoit pas permis de lever la tête." But this was no more; the new constitution was something "dans laquelle un homme est quelque chose."[53]

[49] M. Trudel, *L'Influence de Voltaire au Canada* (Montreal, 1945), I, 74–7.
[50] I. Caron, *La Colonisation de la Province de Québec—Les Cantons de l'Est 1791–1815* (Quebec, 1927), 300.
[51] C.O. 42/127, Milnes to Camden, July 4, 1805.
[52] C.O. 42/141, Craig to Bunbury, Feb. 21, 1810.
[53] *Le Canadien*, Nov. 4, 1809.

These visions of liberty and freedom depended, as has been seen, on the theory that British precedents could be applied to the working of the Lower Canadian constitution. It should be remembered, however, that the arguments had not been developed in a vacuum; they had been awakened and asserted in response to the challenge of specific problems and opposing political tenets. The crisis during Craig's administration can be viewed as a time of testing for these beliefs, as a time when the Canadian leaders in the Assembly first came to grips with the questions left unanswered in 1791 and looked to the example of the British constitution in order to formulate solutions. To their tory opponents, the application of the kind of British constitutional precedents propounded in *Le Canadien* implied the loss, not the saving, of the colony; they wished to see their own brand of British precedents applied. Thus, on many occasions, the conflict took the form of one between two different types of British "assimilation." The fact that personal interest had a great deal to do with the type of assimilation proposed did not lessen the importance of the constitutional struggle. It was a story which was to be told many times over in the ensuing twenty-five years as the extremes grew further apart and the accusations of self-interest grew more shrill.

The Struggle for Financial Control in Lower Canada, 1818-1831

D. G. CREIGHTON

I

IN 1818, for the first time in the history of Lower Canada, Sir John Sherbrooke called upon the legislature to vote the sums necessary for the ordinary annual expenditure of the province. The financial controversy, thus precipitated by the embarrassed and unwary executive, dominated Lower Canadian politics with its furious excesses for over a dozen years. Its pre-eminence was neither fortuitous nor unwarranted: its causes were as profound as its results. In the financial issue, two classes, two civilisations, two ages of economic and social development met and clashed. The last defenders of the French old régime and the early aggressive champions of the English industrial revolution collided inevitably in the financial issue and fought with all the unreasoning fury of complete misunderstanding. The petty disputes of Craig's term, the use of such antiquated and cumbrous machinery as impeachment were forgotten in the fight for the control of the public purse. In the financial issue, the assembly, for the first time, discovered a great constitutional principle which, to a large extent, altered the character of its opposition and transformed an undignified racial animosity into a legitimate constitutional struggle. Over this question, the assembly petitioned, resolved, and fulminated until it had worked itself into a fury which not even the ultimate concessions of the imperial parliament could placate. Five governors and one lieutenant-governor—Sherbrooke, Richmond, Dalhousie, Burton, Kempt, and Aylmer—either failed signally to achieve a solution, or succeeded temporarily only because they were willing to abandon the extreme pretensions of the colonial office. Finally, in 1831, the controversy was settled simply by being placed beyond the possibility of equitable settlement; for the imperial parliament, by its long-delayed but unavailing concession of 1831, had abandoned the strongest guarantee of that financial independence by which alone the executive could continue the struggle for an acceptable compromise.

"I see no subject of quarrel that ought to be considered serious except the finance," wrote Dalhousie soon after he had

Reprinted from *Canadian Historical Review*, XII (2), June, 1931

assumed office;[1] and time did not alter this conviction.[2] Admittedly, Dalhousie underestimated the profundity and complexity of the opposition which confronted him; and it was not merely "half-a-dozen seditious demagogues" who foiled his efforts. The animosity between the English and the French, between the rulers and the ruled, between those who enjoyed the profits of office and those who coveted them, had arisen long before Sherbrooke first attempted to enlist the support of the legislature in the financial difficulties of the executive. But, while the disagreement over the finances was not a primary cause of the struggle in Lower Canada, it was, on the other hand, an expression of a fundamental divergence in the attitudes of the French Canadians and their opponents. The French Canadians, a pastoral people dominated by professional groups, were in most essential respects Frenchmen of the *ancien régime*; the British, whether bureaucrats or *commerçants*, were typical products of the age of the industrial revolution and of *laisser-faire*. The nineteenth-century English instinct for expansion, the urge for prosperity, the familiarity with vast commercial and financial projects collided violently with the inherent economic conservatism, the petty prudence, the unadventurous economy of the French. The financial issue could not create a conflict; but, inasmuch as it reflected strongly this basic social antagonism, it deepened the significance of the conflict which already existed. It gave, moreover, to this seemingly petty racial conflict, a greater constitutional importance and a more general interest. By its insistence upon the popular control of the public purse—a principle which three revolutions had already legitimized—the Lower Canadian opposition began to take up its unassuming but natural place in the contemporary liberal movement. The adhesion of Neilson, the support of the English radicals, the sympathies and concessions of the whigs were the gratifying results of this evolution. And the encouragement of these concessions, the stimulus of these new associations and influences, the consciousness of the historic importance and its cause spurred the assembly along to the final stage in its political evolution, the revolutionary proposals of the '30's.

The financial issue, by its very nature, was fitted for this

[1]The Public Archives of Canada, *Dalhousie papers*, III, Dalhousie to Kempt, September 23, 1820.
[2]The Public Archives of Canada, *Series Q*, vol. 168, pt. 2, Dalhousie to Bathurst, July 5, 1824.

important political rôle; it simply invited contention and it required no conscious effort on the part of the contestants to raise it to a first-class political issue. The struggle was, moreover, not merely easy to begin, but susceptible of indefinite prolongation; and it was precisely the power which each party possessed to continue the conflict, to harass and annoy its opponent that roused such resentment and anger. Finally, the policy of both the executive and the assembly, the attitude which each side assumed to the question, appeared inconsistent, mischievous, and incomprehensible to the opposing party. Two different civilizations as well as two races were in conflict; peasants and lawyers faced capitalists and progressive statesmen; and the difference of aim and method was basic. The ease with which the issue arose, the strong incentive to attack it, the facility with which each party could prolong and embitter the struggle, and the susceptibility of each party's platform to misunderstanding, misrepresentation, and abuse—these are, perhaps, the main, the general reasons which effectively prevented a settlement.

II

The real root of the problem is in the nature of the revenue of Lower Canada. The authority by which it was controlled was divided; and it was this fundamental division, this basic conflict which provided each party with a strong incentive to fight. In the collection and in the appropriation of the revenue, two powers—the imperial and the provincial—faced each other, both equipped with considerable, and jealously guarded, rights. There was no direct taxation; "they pay no taxes", wrote Dalhousie, "for perhaps nearly the same reason that you can't tak the breeks off a Hielandman." With the exception of the Casual and Territorial Revenue and the profits of justice, the entire provincial revenue was supplied by the duties and licences collected under the authority of imperial and provincial revenue laws. In the control of these moneys, neither of the two combatants, executive and legislative, was vested with manifestly superior powers; and it is, therefore, a preliminary matter of some importance to determine with exactitude the extent of the financial strength of each party. Three divisions of the revenue naturally suggest themselves: (1) the Crown Revenue, composed of the Casual and Territorial Revenue, the profits of justice, and the moneys derived from imperial or provincial revenue Acts, appropriated unconditionally by the terms of the Acts themselves to the service of the civil government of Lower Canada; (2) there was the revenue derived from provincial Acts and appropriated to definite and particular purposes by the terms of the Acts themselves; (3) there was the revenue derived from provincial Acts, which was unappropriated and at the disposal of the assembly. In its quarrel with the assembly, the executive could rely upon its unfettered right to appropriate the moneys of the first division as it pleased, and upon its equally legal power to appropriate the moneys of the second division to the indicated purposes. As for the assembly, its strength lay in its control over the growing mass of the unappropriated revenue. Neither side had complete power of the purse.[1]

The Crown Revenues, the funds which could be spent at the discretion of the executive for the service of the civil government of the province, came from a variety of sources. These can be conveniently divided under the following heads: (1) Territorial and Casual; (2) proceeds from the duties and licences imposed by the Quebec Revenue Act, 14 Geo. III, c. 88; (3) the sum of £5000 (stg.) derived from the proceeds of the provincial statutes of 1795, 35 Geo. III, c. 8 and c. 9; (4) proceeds from the duties and licences imposed by the provincial Acts, 41 Geo. III, c. 13 and c. 14; and (5) fines, seizures, and forfeitures. Thus the prerogative of the crown, the imperial parliament, and the provincial legislature had combined to endow the provincial executive with financial power, which, far from remaining static, increased steadily with the prosperity of the colony. The Casual and Territorial Revenue, which historically was the first of the financial resources of the executive, included the annual rents for the King's Posts, the King's Wharf, and the Forges of St. Maurice; and the proceeds of the casual feudal dues, *droit de quint* and *lods et ventes*. It formed a small but steady part of the financial resources of the crown; and, during the critical period of the controversy, its total profits rarely dropped below £3000, if they as rarely exceeded £6000. The fines, seizures, and forfeitures accounted for only a few hundred pounds of the Crown Revenue. The proceeds from the Quebec Revenue Act of 1774 formed the largest single part of the total revenue at the disposal of the crown. It had imposed certain duties on imports of British and foreign brandy, rum, spirits, syrups, and molasses; and had required the proprietors of houses of "public entertain-

[1]See the table.

REVENUES OF LOWER CANADA, 1821-1830

	1821	1822	1823	1824	1825	1826	1827	1828	1829	1830
Casual and Territorial.....	4267. 5. 9¾	4303. 1.1	4725.11.3¾	3011.19. 4	1569.18. 8	4844.10.11½	2917. 8. 9½	7309. 5.10	5850.12.11½	7024.14.7
Duties under 14 Geo. III....	7378. 5.11	12088.13.2	22479. 7.7	21503.11. 1	23189. 8. 2	27582. 5. 3	37988. 9.11	27613. 7. 1	28860. 9. 9	34624. 2.5
Licenses under 14 Geo. III....	2458. 0. 0	2612. 0.0	2510. 0.0	2702. 0. 0	2984. 0. 0	2896. 0. 0	3114. 0. 0	3108. 0. 0	2380. 0. 0	2024. 0.0
Statutory portion of duties under 35 Geo. III....	5555.11. 1	5555.11.1	5555.11.1	5555.11. 1	5555.11. 1	5555.11. 1	5555.11. 1	5555.11. 1	5555.11. 1	5555.11.1
Duties under 41 Geo. III....	60. 3. 3	17.19.4	9. 1.3	13. 3. 4	16.19. 3	1734.12. 2	4966.14. 1	3552. 7. 0	3005.13 3	4465.14.4
Licenses under 41 Geo. III....	25. 0. 0	37.10.0	37.10.0	37.10. 0	....	37.10. 0	50. 0. 0	100. 0. 0	50. 0. 0	75. 0.0
Fines, seizures, and forfeitures	559. 0. 3½	1907. 3.7½	248. 3.6½	610.15. 1½	543.15. 5¼	931.19. 7½	361. 2.11½	867. 7. 9	331. 6. 9	441. 3.0
Total Permanent Revenue.......	20303. 6. 4¼	26521.18.3½	35565. 4.9¼	33434. 9.11½	33859.12. 7¼	43582. 9. 1	54953. 6.10	48105.18. 9	46033.13. 9½	54210. 5.5
Total revenue....	86849.14. 6	88234. 8.4	107273.19.8	112286.12. 1	144660.17.10½	126661. 2. 5	153643.15. 7¼	113149.18. 1	128345. 3. 4½	149468. 3.0¼

These figures, with the exception of the totals of the Permanent Revenue, are taken from the accounts which were presented annually to the assembly and published in the appendices of its *Journals*. Since the method of presenting accounts varied in a confusing manner, there is no guarantee of eomplete accuracy. The figures are throughout given in currency: nine pounds sterling equalled ten pounds currency; or £1 (stg.) = £1.2.2 ⅔ (currency). In the figures for four years, 1821, 1824, 1826, and 1827, the amount due to Upper Canada has not been deducted.

ment" to buy licences from the government.[1] The proceeds were to be applied "in the first place in making a more certain and adequate provision towards defraying the expences of the administration of justice and of the support of the civil government in the said Province";[2] and these proceeds, in most years, amounted to one-half to two-thirds of the total revenue at the disposal of the crown. The Colonial Tax Repeal Act prevented similar imperial legislation after 1778; and, in future, it was the newly created provincial legislature which alone could legally increase the sources of the financial power of the executive.

The provincial legislature, in the first years of its existence, was humbly conscious of its duty and obligingly came to the rescue of the government. By the Acts of 1795 (35 Geo. III c. 8 and c. 9) the provincial parliament imposed new licences on "hawkers, peddlers and petty chapmen" and increased the licences imposed on persons keeping houses of public entertainment; it also increased substantially the duties on rum, brandy, spirits, and wine; and imposed new duties on coffee, tobacco, playing-cards, and salt.[3] Of the proceeds of these new duties and licences, £5000 (stg.) was to be paid "towards further defraying the expenses of the Administration of Justice and of the support of the Civil Government in this Province"; and the residue was to be "reserved in the hands of the said Receiver-General, for the future disposition of the Legislature of this Province." The executive, of course, did not profit from the increasing productivity of these duties and licences; but the £5000, though it decreased relatively in value, never became insignificant.[4] Six years later, by the Acts 41 Geo. III c. 13 and c. 14, the legislature imposed new licences on proprietors of billiard tables and new duties on the importation of tobacco and snuff; and, with apparently more generosity than before, appropriated the entire proceeds unconditionally "towards further defraying the charges of the civil government of this Province."[5] For a long time, the proceeds remained insignificant; but while the licences continued to be a negligible quantity, the duties increased rapidly in value in 1826, as Dalhousie noted with satisfaction. Here the contribution of the assembly to the

[1] W. P. M. Kennedy, *Statutes, treaties and documents of the Canadian constitution* (Toronto, 1930), 140.
[2] *Ibid.*, 141.
[3] *Provincial statutes of Lower Canada*, I, 157.
[4] In currency £5555. 11. 1.
[5] *Provincial statutes of Lower Canada*, III, 72.

financial independence of the executive ceased. The time of the assembly's callow and confiding youth was over and it soon learnt other ways. From then on, the imperial parliament could not, and the provincial legislature would not, supplement the sources of the Permanent Revenue of the crown.[1]

The second division of the revenue of Lower Canada—revenue collected under authority of provincial statutes and appropriated to particular purposes by the terms of the Acts themselves—is the smallest and least important of the divisions. The Revenue Act of 1793, which was established to defray the expenses of the legislature, was described by Dalhousie as "dismally inadequate" for the purpose. The duties collected by virtue of the provincial Act, 45 Geo. III c. 12, were devoted to supporting the navigation of the St. Lawrence and the expenses of the Trinity House. The provincial Act 48 Geo. III c. 19 imposed duties the proceeds of which were to be used for the improvement of the inland navigation of the St. Lawrence. The aid which these Acts gave the executive in the financial struggle was inconsiderable. The provision for some few provincial establishments, such as the legislature and the Trinity House, was insufficient; and the great majority of civil servants under provincial appointments were left without specific provision.[2]

The third division of the revenue of Lower Canada was unappropriated and at the disposal of the legislature. This division was not merely the largest of the three; its total, during the years of controversy, was usually twice, and sometimes three times, as much as the total of the Permanent Revenue. And while it is true that the Crown Revenue increased gradually, its growth could never be spectacular, and it could never quite keep pace with the growing needs of the province. Time was on the side of the assembly. The financial strength of the executive was a product of the past; that of the assembly of the present and the future. The prerogative of the crown and the right of the imperial parliament to tax the colonies had founded the financial independence of the executive; a colonial democracy, legislating on its own behalf, had created the rival strength of the assembly. Two opposing principles, two contrasted colonial policies lay implicit in the divisions of the revenue; and the very accounts

[1] For an analysis of the relative importance of the sources of the Crown Revenue, see the table.
[2] Naturally the proceeds of the Permanent Revenue were applied first to defray the salaries of the civil servants under imperial appointments.

and figures of the receiver-general revealed a latent rivalry and suggested conflict.

III

The division of the revenue did not, however, merely provoke conflict; it provided each party with the financial resources to continue the dispute in a mistaken effort to impose its own undiminished claims. The financial weakness of the government was sufficiently serious to suggest co-operation with the assembly, but not desperate enough to enforce capitulation to it. And, on the other hand, the financial strength of the assembly was great enough to create embarrassment and annoyance for the government, but not sufficient to procure its defeat. If the resources at the disposal of the government had been so small as to force it to compromise with the assembly, the issue might have been settled long before the definite refusal of 1831. But the crux of the matter is that the Permanent Revenue was always sufficiently large to relieve the executive of that most pressing incentive—stringent financial necessity. From the beginning Dalhousie was somewhat complacently conscious of the strength of his position. "Government", he wrote, "has the purse and Revenue in hand to pay its way";[1] and he pointed out that, in consequence, a successful attempt to make the executive submit to the legislature, though possible in Great Britain, was impossible in Canada.[2] Throughout the controversy, Dalhousie and his subordinates kept stressing the fact that the Permanent Revenue was nearly equal to the charges laid upon it;[3] and, in 1827, the governor wrote to Bathurst, not without a certain exultation, that the Permanent Revenue would fall only about £4000 short of the required total and that he would have no occasion to draw from the Military Chest.[4]

The consciousness that its position was by no means desperately insecure had grave results upon the policy of the government. The Permanent Revenue increased the confidence of the executive; it suggested a superior "take-it-or-leave-it" policy; it provided a convenient method of escape from the whole dismal controversy which governors not infrequently regarded as beneath

[1]*Dalhousie papers*, III, Dalhousie to Drinkwater, July 23, 1820.
[2]*Ibid.*, V, Dalhousie to Maclean, February 20, 1822.
[3]*Ibid.*, X, Dalhousie to Bathurst, February 15, 1825; and Q, vol. 176, pt. 1, Dalhousie to Bathurst, April 3, 1826.
[4]Q, vol. 179, pts. 1-2, Dalhousie to Bathurst, April 20, 1827.

their dignity. There were actually two policies before the government: on the one hand, a policy of compromise or exchange with the assembly; on the other, the policy of increasing the Permanent Revenue by legislative amendments and economies. And of these policies, it was as easy for the executive to resort to the second as it was difficult for it to consent, on anything but its own terms, to the first. "... I submit", wrote Dalhousie as early as 1822, "how far it is advisable to renew the discussion, or whether it is not more consistent with the dignity of H.M. government to signify that, as the offer made in 1810 has not been fulfilled, after twelve years of delay, it is necessary that it should now be dropped and another course pursued, by which the expenses of the government of the Province may be provided."[1] The other course, to which Dalhousie so naturally reverted, was to rely upon the Permanent Revenue, to increase its productiveness in every possible way, and to effect economies in administration so as to husband the resources of the crown. The ingenuity expended in the attempt to increase the Permanent Revenue of the crown was almost as great as the statesmanship wasted in the effort to secure a reconciliation with the assembly. Colonial secretaries, governors, executive councillors, inspectors-general, and customs officers, irritated by the unseemly pertinacity of the assembly, all took up this agreeable intellectual exercise. The Duke of Richmond frankly suggested that the two Provincial Revenue laws of 1819 should be disallowed and converted into imperial statutes;[2] but, when the cautious Bathurst admitted that the suggestion could not be made effective without "virtually violating the pledge given by Parliament in 1778", harassed officials were forced to investigate less heroic measures.[3] There were many of these. Percival and Coltman, the customs officers, drew up, with Dalhousie's approval, a memoir in which they suggested that the Quebec Revenue Act could be made much more productive if it could be disembarrassed of its amendments which granted abatements and drawbacks on the duties imposed.[4] As early as 1822, a committee of the executive council was set to investigate possible economies in the expenses charged upon the

[1] Q, vol. 161, Dalhousie to Bathurst, June 10, 1822. In 1810 the assembly offered to assume the entire burden of providing for the civil list of the province. This offer was summarily refused by Sir James Craig.
[2] Q, vol. 152, pt. 1, Richmond to Bathurst, May 18, 1819.
[3] Q, vol. 155, pts. 1-2A, Bathurst to Dalhousie, September 11, 1820.
[4] Q, vol. 161, Dalhousie to Bathurst, January 25, 1822 (enclosure).

Permanent Revenue.[1] The proposal that the estimated amount of the post-office revenue and of old imperial revenue laws, which was remitted to England, should be kept in Canada and used at the discretion of the executive, was a proposal voiced frequently by officials on both sides of the water.[2] Dalhousie even turned, in his difficulties, to the Jesuit Estates: the expenses of management, under Ryland, came to about half the gross income; and Dalhousie proposed to transfer the management, for greater economy to the clerk of the terrars.[3] There was also the Military Chest, into which Dalhousie, like all his predecessors, dipped frequently in an effort to stave off the final day of account.[4] And, finally, the vast and unused total of the unappropriated revenue offered a perpetual temptation which a conscientious governor like Dalhousie, sedulous in his care of government servants, could not always withstand. This facility and success in financial expedient increased both the confidence of the government and the exasperation of the assembly. By the employment of devices which in some cases were extra-legal and which in all cases were beyond the immediate control of the assembly, the executive delayed a reconsideration of its own policy and the preparation of a more acceptable proposal; and, on the other hand, the assembly became less inclined to listen to any future propositions, however conciliatory.

The assembly, however, was powerful also. The analysis of the revenue in the preceding pages reveals the fact that, while the executive had control of a little less than one-third of the revenue, the remaining two-thirds and usually more was at the complete disposal of the legislature.[5] The assembly was not able to break the executive or to compel it to compromise; but it could indefinitely prolong the controversy by repeated refusals to vote supplies except on its own terms. To the unchanging demands of the government it could oppose an equally unaltered denial. And while it was possible for the executive to carry on

[1]*Q*, vol. 161, Dalhousie to Bathurst, June 10, 1822 (enclosure).

[2]See *Dalhousie papers*, X, Dalhousie to Bathurst, February 15, 1825; and *Q*, vol. 155, pts. 1-2A, Bathurst to Dalhousie, September 11, 1820.

[3]*Ibid*., Dalhousie to Bathurst, February 16, 1825.

[4]*Q*, vol. 180, Hill to Horton, December 7, 1827: the total amount borrowed from the Military Chest by Dalhousie from 1820 to 1827 is stated to have been over £114,000 (stg.).

[5]It was possible for the governor in times of stress to draw upon the unappropriated revenue. But he did so on his own responsibility and with the obligation of securing subsequently the approval of the assembly.

in the face of these refusals, its progress, at the best, was slow, embarrassed, and tortuous. It was difficult, even by the utmost economy and fertility in financial expedient, to provide for the civil servants; impossible to build for the prosperity and progress of the country; and this to an executive only too conscious of the economic possibilities of the colony, was most exasperating. It was this "reckless disregard of the difficulties and embarrassments which must in consequence fall upon the Province" which especially embittered Dalhousie.[1] In 1821 he was still hopeful enough to argue that the refusal of the assembly might "perhaps show the difference between an active efficient government and one that is palsied and powerless from the want of the authority usually entrusted to it."[2] But this optimism faded slowly in the face of relentless opposition. "I see", he wrote bitterly, "the best interests of the Province under my care neglected—every measure of the Executive rejected—I find myself a cypher in the high station the duties of which are to guide, animate and encourage in everything that can tend to promote the public good."[3] When the assembly, in 1822, again refused his request for a permanent civil list, he was, he declared himself "heartily disgusted and sick of his honours": "so much", he wrote contemptuously, "for the wisdom of giving a British Constitution to men who can neither read nor write, and who are mulish enough to refuse and kick at those who ought to lead."[4] By 1826 he was wearily convinced that it would be useless to introduce the government's proposals again and that a new system was necessary to meet the refusals of the assembly; ". . . for I am convinced that another bill on that head will never pass in Canada, while Canadians rule in the Assembly."[5] The strength which each party possessed, the ability of each to irritate and embarrass the other had produced an intolerable stalemate; and both parties became angry over the futile and endlessly repeated motions of the game.

IV

Thus a conflict was possible from the beginning; and each side was in a position to persevere until the quarrel had become

[1] *Q*, vol. 161, Dalhousie to Bathurst, January 25, 1822.
[2] *Dalhousie papers*, IV, Dalhousie to Kempt, March 13, 1821.
[3] *Ibid.*, V, Dalhousie to Cochran, June 17, 1822.
[4] *Ibid.*, Dalhousie to Salton, May 5, 1822.
[5] *Ibid.*, X, Memo for chief justice, June 23, 1826.

violent, bitter, irremediable. Moreover, the policies of the executive and the assembly—policies which were truculent from the consciousness of strength—irritated and alienated those who opposed them. On the one hand, there were the dilatoriness, the stubbornness, the sudden concessions, and the righteous superiority of the colonial office and the executive; on the other, there were the childish suspicion, the absence of public responsibility, and the mental rigidity of the members of the assembly. That the government should prefer expediency, sound administration, and economic progress to constitutional "right", was intolerable to the assembly. That the assembly should place the control of a few miserable thousands of pounds before its responsibilities to a growing and profitable country was incomprehensible to the executive.

Scarcely any policy could have been more unfortunate than that official policy with regard to the financial question during the period 1818 to 1831. Basically, it was unsatisfactory; it was altered, only after years of delay, with unnecessary haste; and the unfortunate people who were supposed to carry it out were embarrassed by a constant succession of unlucky incidents, scandals, and side-issues. The problem had not really been approached until 1817: the assembly's offer of 1810, to assume entire financial responsibility, had been summarily rejected by Sir James Craig. For years before 1817, the government, incapable of carrying on the administration with the proceeds of the Permanent Revenue, had gone on borrowing, on authority, from the Army Chest, and with doubtful legality, from the unappropriated revenue. It was Sherbrooke's despatch of March, 1817, revealing a debt of £120,000 already due to the provincial treasury and admitting a yearly deficit of £20,000, which first brought the problem before the colonial office.[1] Bathurst, who remained in power until 1827, gave Sherbrooke the authority to request the assembly to vote the additional sums necessary for the civil list. But neither in 1817 nor at any later period did he propose the transference of the Permanent Revenue to the control of the legislature. It was Bathurst, therefore, who was primarily responsible for the original and fundamental mistake—the decision of the colonial office to request the financial assistance of the assembly and at the same time to maintain inviolate the Permanent Revenue of the crown.

[1] *Q*, vol. 143, Sherbrooke to Bathurst, March 11, 1817.

This fact, that all the proposals presented by the executive during the early '20's presuppose the indefinite continuance of the Permanent Revenue, is of vital importance. It was not a new civil list, but merely the deficiencies of an existing civil list for which the assembly was asked to provide. "The question is . . . with respect to the future", wrote Sherbrooke in his despatch of March, 1817, "whether the annual deficiency created by the excess of the Permanent Expenditure over the Permanent Revenue appropriated to its discharge, shall in each year be made up from the Extraordinaries of the Army; or whether it will be advisable to submit to the Legislature at the commencement of each session (as is the practice in Nova Scotia and other Colonies) an estimate of the sums that will be required for the Civil List and to call them to make provision accordingly."[1] The assembly was not to be called upon "to vote the sums necessary for the ordinary annual expenditure" as Sherbrooke grandiloquently phrased it; it was to be asked only, according to Sherbrooke's own suggestion, to vote the sums necessary for administration which the government was unable to pay out of its own jealously guarded fund. Bathurst regarded the right of the government to appropriate the proceeds of the Quebec Revenue Act as "unquestionable" and his contention was, of course, supported by the law officers of the crown.[2] Every one of Bathurst's important despatches on the financial matter suggested, if it did not positively demand, the indefinite continuance of the Permanent Revenue.[3] It was because Burton had not been sufficiently conscious of "the necessity of refusing all arrangements that went in any degree to compromise the integrity of the Revenue known by the name of the Permanent Revenue" that he was censured.[4] And after that unfortunate occurrence, Bathurst thought it necessary to repeat his orders to Dalhousie in unmistakable terms.[5] It is true that, on occasion, Bathurst could reflect that the public assertion of the right to control the Permanent Revenue was "desirable as affording the best means of coming to some adjustment for the establishment of a Permanent Civil List."[6] But

[1] *Ibid.*
[2] *Q*, vol. 169, Law officers to Bathurst, November 13, 1824.
[3] See especially the despatches of August 31, 1817; September 8, 1817; September 11, 1820; September 13, 1821; June 4, 1825; June 9, 1826; and October 24, 1826.
[4] *Q*, vol. 171, Bathurst to Burton, June 4, 1826; given in Kennedy, *Statutes, treaties and documents*, 249.
[5] *Q*, vol. 176, pts. 1-2-3A, Bathurst to Dalhousie, October 24, 1826.
[6] *Q*, vol. 176, Bathurst to Dalhousie, June 9, 1826.

there is evidence to show that, in this connection, Bathurst regarded the Permanent Revenue not as a source of possible concessions but as a guarantee of financial independence which would compel obedience. Only if Dalhousie should find it impossible "to dispense with the services of the Assembly for a period long enough to make them sensible of your independence" should he resort to concessions.[1] And, since Bathurst never suggested the transference to the provincial legislature of the right to appropriate the Quebec Revenue Act (a transference which could only be effected by the imperial parliament), it is plain that the "concessions" could merely mean the abandonment by the executive of the *provincial* Revenue Acts by which money was permanently appropriated to the crown. And even then "a full equivalent of equal permanence" must be provided.[2] The fact is that the colonial office, during the greater part of the struggle, refused to admit that practically the only alternative to an insufficient Crown Revenue was a completely provincial civil list. By its request, the executive had revealed the financial weakness of the crown; but it had invited not financial co-operation based on mutual concessions, but financial assistance on its own terms.

This was the policy of the '20's and there is no indication that the governors of the period disapproved of it in principle. Sherbrooke had secured his personal success on the basis of these instructions; and Richmond had been prepared to stand by them even more truculently than Bathurst desired. "The instructions of Lord Bathurst since 1820", wrote Dalhousie at the end of his governorship, "have guided me throughout—I have steered my course by them and I can prove to demonstration that I have not varied one iota in my whole voyage."[3] There is no evidence, even before he received instructions, that he desired to do so. The man who believed with Richmond that the assembly should have merely "a superintending watch over expenditure",[4] who announced that "the system to which the Duke of Richmond was leading" was to be his guide,[5] and who imagined, when he first took office and before he had received any instructions, that the financial question could be set at rest "by an intimation from H.M. government that the disposal of the revenues of the Crown

[1]*Q*, vol. 155, 1-2A, Bathurst to Dalhousie, September 11, 1820.
[2]*Ibid.*
[3]*Dalhousie papers*, XIV, Dalhousie to Kempt, June 16, 1827.
[4]*Q*, vol. 155, pt. 2, Dalhousie to Bathurst, July 14, 1820.
[5]*Dalhousie papers*, III, Dalhousie to Bathurst, January 18, 1820.

and those of the Province were distinct", was obviously not the man to suggest a serious reconsideration of the financial policy of the colonial office.¹ Time merely served to increase Dalhousie's contempt for the members of the assembly, his distrust of their motives, his impatience with their demands. "Here I sincerely hope", he wrote in 1827 when he had prorogued the assembly after his refusal to recognize Papineau as speaker, "will be an end of Parliament in this Province."² Dalhousie was a man who had been rudely jolted out of his natural equanimity, tolerance, and instinct for wise government by a violent attack which he misunderstood and consequently misjudged and despised. It was not for him to propose alteration in Bathurst's inflexible policy. And thus the realization of the basic defects of that policy was delayed until Dalhousie had departed for India and the tory government had fallen. The Canada Committee affirmed in 1828 "that the real interest of the Province would be best promoted by placing the receipt and expenditure of the whole public revenue under the superintendence and controul of the House of Assembly."³ But, although Goderich first put forward the idea of an exchange in 1828 and Murray assured Kempt in 1829 that a final solution was in preparation, it was not until December, 1830, that Goderich forwarded the plan of the projected exchange.⁴ It had taken ten years for the colonial office to realize that its two policies of maintaining inviolate the Permanent Revenue of the crown and of securing an adequate provision for the civil service of the country, were really incompatible.

But it was not only the uncompromising inflexibility of the government's policy that prejudiced the favourable issue of the question; it was also, to a certain extent, the varying and contradictory manner in which that policy was carried out. Five governors and one lieutenant-governor from 1818 to 1831 had a hand in the solution of the financial question; and their personal characteristics, their blunders, and even their very successes had an influence upon the development of the quarrel. The methods of presenting the estimates varied.⁵ There were

[1] *Ibid.*, Dalhousie to Kempt, September 23, 1820.
[2] *Ibid.*, XIV, Dalhousie to Kempt, November 22, 1827.
[3] Kennedy, *Statutes, treaties and documents*, 257.
[4] *Q*, vol. 196A, Goderich to Aylmer, December 24, 1830.
[5] The estimates for the years 1818-1831 are given in the appendices of the *Journals of the house of assembly*, XXVII-XL inclusive.

Dalhousie's classification in two schedules, which intensely irritated the patriot party;[1] the Burton model of 1825, which was adopted by Kempt and Aylmer; and the arrogant estimate of 1827 which listed only those expenses "not otherwise specially provided for" or "for which a further supply is required."[2] Burton's lapse was a particularly unfortunate interruption in a policy which, if increasingly rigid, had been consistently so up to that time. "I cannot fail", wrote Darling to Dalhousie, "to be alive to the effect which passing events may have on your Lordship's future interests, or even comfort, And I shall therefore be most happy to find that in the Bed of Roses which Sir Francis has made for his short repose, he has not laid a pillow of thorns for your Lordship's head."[3] "Ground has been lost this session", wrote Richardson, "that it will be difficult to regain—one concession begets another and finally a stand becomes impracticable."[4] Burton had revived a method possible only in the early stages of the controversy when the issues were ill-defined; and this revival made Dalhousie's return to his stricter policy doubly irritating to the assembly. The assembly adroitly employed the precedent of 1825 to substantiate its condemnation of the budgets of 1826 and 1827; and Sir James Kempt was driven to regard Burton's as the "only possible method" for, he argued, "the House of Assembly would not grant a supply in any other form than that which has been adopted."[5] Thus, Kempt was compelled to accept and Murray in an embarrassed fashion to condone, a method which Bathurst had outspokenly condemned in despatches which had been communicated to the assembly! And this strategical defeat robbed the final concessions of 1831 of much of their conciliatory value. To a certain extent also the very successes of the government prejudiced the happy termination of the issue; for, though these successes were exceptional in character, they naturally encouraged the government to persevere. Sherbrooke's victory in 1818 was due partly to the novelty of the request he made, partly to his personal popularity. And Dalhousie's single success of 1823, which occurred when his principal opponents were in England, confirmed his mistaken

[1]Viger termed the distinction *"ridicule"* and *"burlesque."* For Papineau's equally contemptuous view see *Neilson papers*, IV, Papineau to Neilson, November 29, 1823.
[2]*Journals of assembly*, XXXVI, appendix H.
[3]*Dalhousie papers*, X, Darling to Dalhousie, March 25, 1825.
[4]*Ibid.*, Richardson to Dalhousie, April 9, 1825.
[5]*Q*, vol. 187, pt. 3, Kempt to Murray, March 25, 1829.

conviction that the opposition was the work of a few factious leaders in the assembly. "It shews", he wrote optimistically, "the weak and silly foundation of the disturbances in the Assembly."[1]

There was another, and a very important, aspect of the government's policy with regard to finance. The whole question of the grand total of the civil list, of the necessity of its various salaries and contingencies, and of the guarantees of efficient administration which should necessarily accompany the appropriation of a large permanent sum, was a serious question to which the government could not always return a satisfactory and unembarrassed answer. The extent of the civil list was partly explained, as Kempt pointed out, by the fact that as there were no county assessments the salaries of local officers were charged on the civil list;[2] but that does not alter the fact that there were inflated salaries, sinecures, and offices held by absentees to which legitimate exception might be taken. And the instinctive French-Canadian distrust of what seemed the waste, the slackness, the exaggerated rewards of this alien political and economic system, was a factor not sufficiently considered by the government. The total of the civil list varied suddenly and unaccountably from year to year.[3] At the very beginning of the struggle, in 1818 and in 1821, the assembly petitioned against various sinecures, absentee office-holders, and pensions, and it periodically returned to the charge.[4] Here officialdom was seemingly sympathetic. Dalhousie who realized that the absentees "were hated by the people" and who wished "to clear the wheels of government in this Province in order to give it more activity and to reduce expenses", agreed with some of the demands of the assembly.[5] But, although Bathurst announced that he concurred "heartily" with the principles laid down by the assembly with regard to absentees and although he forced Burton to come to Canada, he was disinclined to take rapid action concerning the other complaints.[6] It was not until the fall of Bathurst in 1827 was followed by the reforming era of Huskisson, Murray,

[1]*Dalhousie papers*, VI, Dalhousie to Sherbrooke, June 5, 1823.

[2]*Q*, vol. 189, pt. 2, Kempt to Hay, November 30, 1829.

[3]The estimates for 1819 were £15,000 larger than those for 1818. There were similar variations, though none quite so large, in the following years.

[4]*Journals of assembly*, XXVII and XXX.

[5]*Dalhousie papers*, XIII, Dalhousie's diary, April 10, 1822; *Q*, vol. 157, pt. 1, Dalhousie to Bathurst, June 10, 1821.

[6]*Q*, vol. 155, Bathurst to Dalhousie, September 10, 1821.

and Goderich that the assembly's grievances began to be taken seriously and that concessions were granted; there ensued a series of small reforms which culminated in the exclusion of all the judges, with the exception of the chief justice, from the legislative council.[1] But here again the action was really too late; and that sullen, popular distrust of the executive, a distrust which Sherbrooke described as "the great evil of the country and the most fruitful source of its dissensions", lived on.[2]

Unfortunately this popular dislike of the executive, these doubts of its usefulness and efficiency were increased by subordinate controversies and scandals. There was, for example, the dispute concerning the percentages taken by the customs officers on duties raised under provincial Acts, even though these Acts gave no specific warrant for the percentages at all. This action of the customs officers, opposed by the executive as well as the assembly, offered unmistakable evidence of the inefficiency of divided imperial and provincial control and occasioned, as Kempt admitted, a great deal of discussion in the colony.[3] It was overshadowed only by Caldwell's bankruptcy which involved one of the most important officers in the government and the enormous sum of over £96,000.[4] In the eyes of the assembly, Caldwell's defalcation was merely one more startling example of the chronic maladministration and wastefulness of the government. The incident certainly served to reveal the ease with which an important official, subject to two different authorities, could escape on a kind of gentleman's agreement from the control of both. Caldwell had been appointed by the crown, on the advice of the Treasury;[5] according to Dalhousie, the provincial executive was completely ignorant of his securities;[6] and yet the Treasury, though it acknowledged its controlling authority over all accountants and debtors to the crown, admitted no responsibility to make good the sums taken from the unappropriated revenue without authority of the legislature.[7] Caldwell's property, which Dalhousie admitted "would amount to nothing compared with the deficit", was the only means by which the province could be

[1] Q, vol. 196A, Goderich to Aylmer, December 1, 1830; Q, vol. 200A, Goderich to Aylmer, February 8, 1831.
[2] Q, vol. 143, Sherbrooke to Bathurst, April 21, 1817.
[3] Q, vol. 188, pt. 1, Kempt to Murray, April 18, 1829.
[4] Q, vol. 166, Dalhousie to Bathurst, August 24, 1823.
[5] Q, vol. 177, Hill to Wilmot Horton, October 30, 1826.
[6] Q, vol. 166, pt. 3, Dalhousie to Bathurst, August 20, 1823.
[7] Q, vol. 177, Hill to Wilmot Horton, October 30, 1826.

compensated.[1] The proceeds of the sale were pitifully small;[2] and the right to sell the only really valuable piece of property, the seigniory of Lauzun, which Caldwell's son claimed to be entailed, was disputed in the courts for years. The province lost an enormous sum; and Dalhousie's early optimistic conviction that the bankruptcy would allow him to speak more plainly to the assembly, that it would be "a leading step" in the attainment of his objective, was not justified by the event.[3] Actually, the incident increased his financial embarrassment; and, since the question remained unsettled, it continued to afford ample opportunity for attack. "The responsibility and accountability of public officers" was a theme to which the suspicious assembly periodically returned.[4] And thus to the French Canadians, with their primitive shrewdness and native parsimony, the financial requests of the government, from the first novel and doubtful, became at last positively suspect. At no point had the government's policy succeeded; and the definite defects and mistakes in its programme were not the only counts against the English bureaucracy. It had failed to reconcile itself, to accommodate its point of view, to a community in which the conservative convictions and *mores* of the France of the old régime were cherished with all the intensity characteristic of a frontier community.

V

The attitude of the assembly served equally to embitter the quarrel. If the policy of the government had all the traditional defects of policies inspired and directed by Englishmen, the policy of the assembly had much of the rigidity of French political programmes and much of the stubbornness natural in politically uneducated colonials. "Only look at any French Parliament", wrote Dalhousie, expressing the natural English reaction, "and you will see the gasconading impotence and fury of the Assembly in Lower Canada."[5] This seemingly rigid adherence to a few abstract principles, the disinclination to respond to concessions,

[1]*Q*, vol. 166, pt. 3, Dalhousie to Bathurst, August 24, 1823.
[2]*Q*, vol. 194, pt. 1, Kempt to Murray, May, 1830.
[3]*Dalhousie papers*, VII, Dalhousie to Maclean, August 28, 1823.
[4]*Journals of assembly*, XXXVIII, Resolutions of December 6, 1828 (see Kennedy, *Statutes, treaties and documents*, 259); and *Journals of assembly*, XL, Resolutions of March 12 (see R. Christie, *History of the late province of Lower Canada*, Quebec, 1848-55, III, 333).
[5]*Dalhousie papers*, XV, Dalhousie to Drinkwater, December 4, 1827.

this apparent inability to participate helpfully in a process of gradual evolution were characteristics so alien to the governing body as to be hateful to it. For the government, the question was above all a question of political expediency, of good administration; for the assembly, it was a question of principle, of constitutional right.

The chief assertions of the assembly with regard to the financial problem were few; and they were stated with wearisome iteration in the petitions, addresses, and resolutions of the successive legislatures. In the first place, the assembly declared that it would make no appropriation until the whole of the revenue and expenditure of the colony was placed under its control. Its second contention was that supplies should be voted, not, as the executive required, for the life of the king or for a period of ten years, but annually only. And, in the third place, the assembly declared that supply should be voted, not in a lump sum to be expended at the discretion of the government, but in detail by chapters or items.

The first of these contentions was probably the most important for it denied the claim of the executive to appropriate, at its own discretion, the Permanent Revenue of the crown. The assembly invoked the Colonial Tax Repeal Act in support of its view; but Bathurst, on the advice of the Treasury, had no difficulty in pointing out the obvious fact that the legislation of 1778 was prospective and not retroactive.[1] "... the Statute of the 18th George III cap. 12", ran the characteristic rejoinder of the assembly, "has not conferred any new rights upon the inhabitants of the British Colonies, but is a Declaratory Act, the enactments whereof recognize and consecrate the Constitutional Maxim, that Colonies having a Representation, have an inalienable right not to be taxed without the consent of their Representatives, and that to the Legislature alone appertains the right of distributing all Monies levied in the Colony."[2] The assembly was on much better ground when it contended that the claim of the executive to appropriate the Crown Revenue was "so much the more ungrounded, as in consideration of the acknowledged insufficiency of those Funds, the House of Assembly being called upon to supply additional considerable sums, indispensably necessary for covering the whole Expenses of the Civil Government and of the Administration of Justice, they have the right of annexing

[1]*Q*, vol. 164, pts. 1-2A, Bathurst to Burton, November 23, 1824.
[2]*Journals of assembly*, XXXV; also, Kennedy, *Statutes, treaties and documents*, 250.

to their grant such conditions and limitations as the Interest of the Country appears to them to require."[1] The assembly also argued that Sherbrooke's acceptance of the bill of supply in 1818 meant that the offer of 1810 had been accepted "in its full extent."[2] Frequently the assembly returned to the charge that the legislature was the best guardian of economy, that "the rapid and much too high increase of the salaries . . . demonstrates that any other control than that of the Representatives of the People . . . is insufficient for restraining the public expenditure within proper limits."[3] Finally, the assembly argued that the retention of the Permanent Revenue by the executive involved an unnecessary and invidious distinction in the expenses of administration, provided a certain payment for some and left others in miserable insecurity.[4] The reason that the patriot party accepted with such evident satisfaction the budgets of Burton, Kempt, and Aylmer was precisely because these budgets could be construed as an implied recognition of the assembly's claim to control and appropriate the entire public revenue of the province. Kempt's revival of the Burton formula, a revival intended to conciliate, merely confirmed the assembly's belief in its own rights. Thus, when in February, 1831, Aylmer announced the abandonment of the Quebec Revenue Act, the special committee of the house contended that practically the whole of the revenue referred to in the governor's communication had already been, in point of fact, at the disposal of the assembly.[5] The concession was not merely regarded as negligible by the assembly; the very claim of the right to concede was regarded as an affront.

The second contention of the assembly was that supply should not be voted permanently, for the life of the king or for ten years, but annually. The civil list, as Goderich was apparently the first of the colonial secretaries to admit, was essentially a transaction; it was established by a grateful parliament in return for the surrender of the hereditary revenues of the crown.[6] The colonial office, however, while it brought forward the example of British practice as an inducement, refused to consider its own

[1] *Journals of assembly*, XXXV. Kempt agreed with the assembly. See Q, vol. 187, pt. 1, Kempt to Murray, March 25, 1829.
[2] *Journals of assembly*, XXXII, Report of special committee on the public accounts of the province.
[3] *Journals of assembly*, XXXIII, Resolutions of March 2, 1824.
[4] *Ibid.*
[5] *Journals of assembly*, XL, appendix A.A.A.
[6] Q, vol. 197, pts. 1-2A, Goderich to Dalhousie, July 31, 1827.

obligation to hand over to the assembly the control of those revenues which in Lower Canada were roughly equivalent to the hereditary revenue in Great Britain. And this was, undoubtedly, the assembly's chief objection to the establishment of a permanent civil list in Lower Canada. But there were other reasons which weighed heavily with the assembly. The resolutions, which were passed in January, 1822, after the refusal to vote a permanent civil list, endeavoured to establish the fact that the dissimilar conditions in Lower Canada and Great Britain, made the English example of little practical value.[1] The patriot party, for example, attempted to show that whereas the civil list in Great Britain formed a relatively unimportant part of the total expenditure, "the expenses of the Civil Government of this Province amount nearly to the whole of the public expense of this Province." Again the assembly, with its native distrust of the executive, urged that the division of powers, the independence of the judges, and the accountability of public servants, were firmly secured in Great Britain, but not in Canada. And finally, the assembly contended that both the revenue and expenditure of Lower Canada were in their nature "variable" and that these fluctuations made a permanent civil list a doubtful measure. To the members of the executive, trained in British practice, this last argument appeared particularly ludicrous. "What could be more unstatesmanlike", argued the solicitor-general of the province, "than to say: 'It is true that there are some heads in the estimate, under which more is asked than we think necessary for those branches of the public service: but no matter, we have now a comparatively flourishing commerce, we can afford to be extravagant this year; but if our trade falls off, you must be cut down, not to the real wants of the Province, but according as our Constituents consume more or less rum.'"[2]

The third claim made by the assembly was the right to appropriate money, not in a lump sum at the request of the executive, but item by item. This claim was a natural consequence of the refusal to vote a permanent civil list. If the assembly was reluctant to prolong for the life of the king the salaries of those it distrusted, it was only natural that it should demand the right to revise them annually. A lump sum voted annually on the estimates of the executive would no more achieve the purpose of the assembly than a permanent appropriation. From the first,

[1]*Journals of assembly*, XXXI, Resolutions of January 14, 1822.
[2]*Q*, vol. 163, pt. 1, Opinion of Charles Marshall, April 13, 1822.

the assembly announced the pious intention of strictly supervising "the overgrown bulk of the Civil List of the Province."[1] In 1819, it made reductions in the civil list presented by Richmond; in 1824, after the bankruptcy of Caldwell, it reduced all salaries, including that of the governor, by twenty-five per cent.; and in 1825, to quote Richardson, the assembly persisted in "the obnoxious mode of annual discussion and claim of alteration."[2] Either the executive accepted the alterations or it forfeited the appropriation: there was no middle course. "... I have felt myself bound", wrote Kempt concerning the budgets of 1829 and 1830, "in honour and good faith not only to keep the public expenditure if possible within the limits of the sum specified in the Bill, but also to adhere to what I understand to be the expressed wishes of the Assembly in regard to the particular application of the money."[3] Goderich finally instructed Aylmer to abandon most of the items which had been contested in the two previous budgets.[4] Thus the assembly held to its contention with extreme tenacity. And the government, when it accepted the appropriation, was forced to accept the changes, although it realized perfectly well that this annual scrutiny established an indirect but implied control over the permanent as well as the unappropriated revenue. It was a device, argued Richardson, "whereby the Assembly will substantially rule—the government become degraded and powerless—and the Legislative Council a useless encumbrance."[5] The interference, by a group of humble and uneducated men, in the remuneration which the officers of government considered the rightful recompense of their distinguished services, was extremely exasperating to the bureaucrats of Lower Canada. "It may be further stated", wrote Caldwell in a tone of somewhat unctuous superiority, "that the great majority of the Assembly are composed of men of frugal habits, simple manners, and who, from being for the most part but little educated themselves, cannot be supposed to be able to appreciate that remuneration for eminent services which is at once an exciting cause and the merited reward of superior acquirements."[6]

[1] *Journals of assembly*, XXVIII, appendix L, Report of special committee on the estimates, March 27, 1819 (appendix L).
[2] *Dalhousie papers*, X, Richardson to Dalhousie, April 9, 1825.
[3] *Q*, vol. 190, pt. 1, Kempt to Murray, December 15, 1829.
[4] *Q*, vol. 196A, Goderich to Aylmer, December 1, 1830.
[5] *Dalhousie papers*, X, Richardson to Dalhousie, April 9, 1825.
[6] *Q*, vol. 163, pt. 1, Observations on difficulties in Canada respecting the civil list, April 12, 1822.

To these three general principles the assembly stuck with relentless persistency during the whole of the struggle; Kempt noted that, while there were differences of opinion on local matters, the assembly was in complete unity on the question of finance. Only on two occasions, in 1818 and in 1823, did the patriot party consent to make appropriations in which these three principles were not at least implied; the appropriations of 1825, 1829, 1830, and 1831, as Bathurst recognized with anger and Goderich with regret, adroitly asserted or implied these cardinal claims. Neither coercion nor concession had any effect upon the members of the assembly; they would vote no money except on their own terms; and these uncompromising, "unprincipled" methods of warfare appalled the executive. It seemed to Kempt that the members of the assembly were determined "to get, if possible, the whole power of government into their own hands."[1] And, in the attainment of that object, Dalhousie believed that they were prepared to sacrifice every other consideration. The salaries of the obscure civil servants, the contingencies necessary for the ordinary administration of government, the improvements and public works necessary for the progress of the country, were all sacrificed by the assembly in an effort to force the government to yield. To a British executive such conduct was not "legitimate" opposition; it was perverse and malevolent obstruction. In the final analysis, it was impossible for the government ever to understand the Lower Canadian opposition; for, at bottom the two programmes were as different and as contradictory as the social and political heritages of the two races.

VI

Public finance, in a new country where men and politics are largely influenced by material considerations, is the centre towards which the ideals and greeds characteristic of a new world are inevitably focussed. The right to control the government's expenditure, the power to determine the amount and the character of the government's assistance in the race for expansion and the rush for the spoils, is one of the richest and most coveted prizes of a new land. The struggle for these powers intensifies party warfare, as the possession of them helps to create party prestige or contribute to party disaster. In Lower Canada, however, the

[1] Q, vol. 183, pt. 2, Kempt to Murray, December 27, 1828.

financial struggle has this additional and special significance: that, in distinction to similar financial rivalries in English-speaking Canada, it was not a quarrel between two ambitious groups who cherished the same dreams of prosperity and who accepted the same economic gospel. It was a contest between two classes, between two ages of economic and social development, between the France which the political revolution had destroyed and the England which the industrial revolution had created. A peasant and professional community, unambitious, parsimonious, and unmoved by the lush economic possibilities of a new land, was confronted by a governing class whose deepest instincts were towards improvement, expansion, and prosperity. Dalhousie, the embodiment of nineteenth-century energy and optimism, the man whose constant complaint was that he was "deprived of all power to set public improvement a-going",[1] was met by the sullen, inert opposition of men who accepted unquestioningly the purposes, pursuits, and habits of their forefathers. In the financial issue these two settled and instinctive dispositions inevitably met and clashed. And the initial disagreement over first principles produced rival methods of attack and defence which scandalized and appalled those who were forced to combat them. At the bottom of the struggle was a difference of social heritage as fundamental as the differences of race, language, or creed.

[1] *Dalhousie papers*, IV, Dalhousie to Maclean, March 24, 1821.

A New Look at Unrest in Lower Canada in the 1830's

W. H. PARKER

THE ABORTIVE UPRISINGS in Lower Canada in 1837 closely followed an agricultural revolution which, culminating in the years 1835-7, utterly transformed the pattern of French-Canadian farming, and had widespread and lasting effects upon the life of the habitant. Wheat-farming had formed the basis of the rural economy since the first colonization of New France, as it had in the agriculture of the old country; but in the mid-1830's farmers were compelled to abandon wheat in many districts. In the 1820's the habitants could boast that they "had not been driven to consume any inferior grain,"[1] and by 1827 production of wheat in Lower Canada almost reached three million bushels, a total which increased to nearly 3½ million bushels in 1830.[2] But the next census, taken in 1844, shows that there had been meanwhile, a catastrophic drop in wheat production and from this there was no subsequent recovery. Oats principally, also barley and rye in some areas, took the place of wheat, and grain-growing yielded place to the growth of fodder crops and dairy-farming.[3] The table below illustrates the striking change in the position of wheat between the two census years.

The counties which suffered most from the failure of wheat were generally those where production had been highest hitherto: the fertile lowlands around Montreal, and the good lands along the south

[1] "Report of the Committee on Emigration from the United Kingdom," in H. A. Innis and A. R. M. Lower, *Select Documents in Canadian Economic History* (2 vols., Toronto, 1933), II, 50-1.

[2] Public Archives of Canada, Census Held in the Province of Lower Canada in the Year 1831; J. Bouchette, *The British Dominions in North America* (2 vols., London, 1831), I, 366.

[3] *Récapitulation pour districts et comtés des retours du dénombrement des habitants du Bas Canada et d'autres informations statistiques obtenues durant l'année 1844* (Montreal, 1846).

Reprinted from *Canadian Historical Review*, XL (3), September, 1959

Grain Production 1831–44
(Bushels)

	1831	1844
Wheat	3,404,756	942,835
Oats	3,142,274½	7,238,753
Barley	394,795	1,195,456
Rye	234,465	333,446

shore of the St. Lawrence estuary below Quebec. Parts of these areas were producing, in the 1840's, less than a tenth of their yield in the 1820's. Yet in those counties which were being colonized by immigrants, the production of wheat, though relatively small, was actually increasing.[4]

The immediate cause of the breakdown of an agricultural system based on wheat-growing appears to have been insect attack. In 1833, Patrick Shirreff, a farmer from the Scottish Lowlands, noticed "wheat-ears exhibiting ravages of wheat-fly" and an examination "found many capsules filled with shrivelled grains or altogether empty."[5] Alexander, writing in 1844, tells us that "the wheat crops had formerly failed from a worm at the roots of the grain" and that barley, oats, and rye were now grown instead.[6] The repeated growing of wheat without rotation in a climate too cool and damp had finally exhausted the soil and produced a crop unable to resist insect attack.

The peasants had of necessity to make do with oatmeal or black rye bread. As a British visitor noted in 1842, "till within the last three or four years they always had wheaten bread . . . but latterly they have almost ceased to sow any on account of the fly."[7] In some areas famine resulted and distress was particularly acute in the Montreal area and along the south shore of the estuary below Quebec, since here the population relied largely on exports of wheat to Quebec for British vessels to carry away.[8] The marketing of wheat was the chief function of the villages of the Montreal region implicated in the 1837 rebellion, as may be seen from Bouchette's descriptions in his *Topographical Dictionary* published in 1832. Thus at Saint-Ours we read that "many

---

[4]W. H. Parker, "A Revolution in the Agricultural Geography of Lower Canada, 1833–1838," *Revue Canadienne de Géographie*, XI (Dec., 1957), 191–2 (maps).

[5]P. Shirreff, *A Tour Through North America Together with a Comprehensive View of the Canadas as Adapted for Agricultural Emigration* (Edinburgh, 1835), 136.

[6]J. E. Alexander, *L'Acadie, or Seven Years' Explorations in British America* (2 vols., London, 1849), II, 246.

[7]J. R. Godley, *Letters from America* (2 vols., London, 1844), I, 107.

[8]J. Bouchette, *A Topographical Dictionary of the Province of Lower Canada* (London, 1832), *passim*; R. Blanchard, *L'Est du Canada français* (2 vols., Montreal, 1935), I, 154.

persons of considerable property reside here who are corn-dealers and make large purchases of grain of all kinds, produced in abundance in this and the adjoining seigniories, which is put on board large river craft in the Richelieu and Yamaska and sent to Quebec for exportation." Saint-Denis had "capacious storehouses, chiefly used as granaries, in which large quantities of corn [wheat] are collected from the adjacent seigniories for exportation," and at Berthier, there were "a great many granaries" from which "large quantities of grain are annually exported." When the farmers were compelled to abandon the crop, these places lost their *raison d'être*.

Grain was imported to relieve the distress and about 400,000 bushels of foreign wheat came into Quebec in 1835 and again in 1836.[9] The failure of the 1836 harvest brought famine in 1837 and in February of that year the Governor, Lord Gosford, wrote to the Colonial Secretary, Lord Glenelg, that "his apprehensions of the distress which would be occasioned by the failure of last year's crops have been unhappily fully confirmed."[10] Later in the same year he wrote that there were "some neighbourhoods actually in a state of starvation,"[11] and when Lord Durham arrived at Quebec in 1838, he was greeted with "a number of petitions from parishes situated in the lower part of the St. Lawrence, praying for relief in consequence of the failure of the harvest [of 1837]."[12]

The economic distress into which the habitants fell in the 1830's takes on an even darker hue when seen against the comfort and well-being which preceded it. Most observers had agreed that the French Canadians lived in ease and abundance;[13] Bouchette referred frequently to "ease and affluence" in the older seigniories and on the more fertile lands.[14]

While the main prop of the economy was being thus abruptly removed, the population continued to grow and press upon the land. The recorded population of Lower Canada rose from 511,922 in 1831, to 690,782 in 1844, despite a cholera epidemic which raged in the province from 1831 to 1833. The crude annual birthrate was about thirty-six per thousand; the proportion of the population under the age of fourteen in 1831 was 33 per cent; the proportion under fifteen in 1844 was 46 per cent; this was higher than in Japan or India today.

[9]H. Murray, *Historical and Descriptive Account of British North America* (3 vols., Edinburgh, 1839), II, 16; Innis and Lower, *Select Documents*, II, 255.
[10]Public Record Office, Colonial Office Papers, 42/271/356, 1837.
[11]*Ibid.*, 42/272.
[12]J. G. Lambton (First Earl of Durham), *The Report on the Affairs of British North America* (London, 1839), 42.
[13]Bouchette, *The British Dominions*, I, 409; J. E. Alexander, *Transatlantic Sketches* (2 vols., London, 1833), II, 212; Earl of Durham, *Report*, 12.
[14]Bouchette, *Topographical Dictionary*, Pointe aux Trembles seigniory and *passim*.

It is not therefore surprising that the earlier-settled French areas, especially where the wheat failure had hit hardest, were suffering hardship from over-population. Subdivision of holdings among children was symptomatic of land shortage, and when this practice had reached its limit, young couples were given *emplacements* (building lots) just large enough for cottage and garden, and they either laboured on other men's land, took to fishing, or became paupers.[15] Many young men left their homes "to undertake long voyages from which few return."[16]

Even when cultivable land was available, a series of impediments prevented the land-hungry sons of the habitant from settling on it, adding political resentment to social distress. The land policy of the government was as important as any of these hindrances to settlement. After the Conquest, the British government abandoned the seignorial system of granting lands and made lavish gifts of land to individuals without any condition attached as to their settlement. An example of these huge grants was the disposal of the whole township of Dorset to one John Black.[17] Entire townships were also granted to the officers and men of the Canadian militia, who had resisted the Americans in the wars of 1775–83 and 1812–14. Grants were made to the members of disbanded regiments; but it was rare for a soldier successfully to settle on land thus granted.[18] Speculators bought these lands and they were in no hurry to dispose of them, preferring to wait until pioneers in surrounding districts had raised their value. Consequently, whole townships granted in this way, such as Somerset (Megantic county), Simpson (Drummond county), Windsor (Sherbrooke county), remained almost entirely without settlers.[19] This evil policy of large free grants to absentees, officials, favourites, and so on was not halted until 1829–31, when the policy of sale or auction was at last introduced. Even then free grants did not cease. On one pretext or another, such as the need to honour promises already made, they continued at least until 1837, and in that year free grants exceeded the amount of land sold.[20] By 1837, 3½ million acres, or almost half of the surveyed territory of the province including almost all the best land, had been granted away. Thus large tracts of wilderness barred the way of the would-be settler on every side.

The settlement of new lands was further handicapped by the want

[15]*Ibid., passim.*
[16]*Ibid.,* Lauzon seigniory.
[17]*Ibid.,* Dorset township.
[18]Alexander, *Transatlantic Sketches,* II, 214.
[19]Bouchette, *Topographical Dictionary,* see the townships mentioned.
[20]R. Montgomery Martin, *The British Colonies, their History, Extent, Condition and Resources* (3 vols., London, 1849), I, 137.

of roads serving them. The following words, written about one seigniory, were applicable to many others: "the want of proper roads has for many years been a great impediment to the comfort and the prosperity of the inhabitants, and has materially retarded the formation of new settlements."[21] It was the seigneur's duty to open roads where needed, but most were unable or unwilling to assume it. There were exceptions, as in Jolliet, where the roads were "numerous and have been judiciously laid out at the suggestion of the seigneur who devotes much attention to these and other objects . . . tending to the comfort of the inhabitants."[22]

Roads were not the only need. The amount of available land could have been increased in many over-populated districts, had the seigneurs been able to drain low-lying land since the habitants lacked the resources for this.[23] Want of capital with which to start farming held back colonization in some districts: "The want of means prevents the youths of this parish from making new settlements; if they were furnished for one or two years with provisions, utensils, and the necessary livestock, there would not be so many living on *emplacements* where they exist so miserably."[24]

The British Conquest broke the power of feudal tradition and many seigneurs were now applying the law of supply and demand rather than that of custom to rents, thus restricting the easy flow of settlers on to vacant lands and keeping those who did acquire land in such poverty that they were unable to provide their children with farms: "There are certainly many young persons in this seigniory . . . willing to make new settlements; but the want of means, and the high, and in some cases exorbitant rent required for new concessions interpose obstacles."[25] One seigneur put the rent up from the customary *sol* (half a cent) and capon for every *arpent* of frontage to an *écu* (half a dollar) and even to six francs (one dollar), while his neighbour, besides demanding these anti-feudal rents, "obliged those who take new concessions to pay, moreover, the tenth pound of sugar out of the quantity they make."[26] Not all seigneurs slowed down the colonization of new lands in this way, but seigniories like the following were unhappily very few: "Nothing in this seigniory retards the establishment of new settlements, which are increasing fast, and the seigneur demands moderate rent only."[27] Thus the "English" were often repre-

[21]Bouchette, *Topographical Dictionary*, Bécancour seigniory.
[22]*Ibid.*, Jolliet seigniory.
[23]*Ibid.*, St. Hyacinthe seigniory.
[24]*Ibid.*, St. Gabriel seigniory.
[25]*Ibid.*, Soulanges seigniory.
[26]*Ibid.*, Rivière Ouelle seigniory.
[27]*Ibid.*, Gentilly seigniory.

sented by a new seigneur who had bought the *seigneurie* from his French predecessor, and the anger aroused by the local landlord was directed against the British in general. Durham estimated that at least half of the more valuable seigniories had been purchased by wealthy English capitalists who, not understanding the seignorial tenure, often exercised their rights "in a manner which the Canadian settler reasonably regarded as oppressive."[28]

It is at first sight surprising that the French population, closely confined within the seigniories where high rents and lack of spare land offered little prospect to ever-increasing numbers, did not overflow more readily into the townships. But, as Lord Aylmer reported in 1830, "the great majority of the inhabitants of Lower Canada hold their lands under seignorial tenure, to which they are much attached . . . in denying them the power of acquiring Crown lands under that tenure, they are virtually excluded from the market when Crown lands are put up for sale."[29] Reluctance to enter the townships stemmed partly from ignorance, and from suspicion of the new tenure and the activities of speculators which surrounded it, but also from the lack of social and religious consolations in the wilderness. The life of the habitant was so bound up with social customs and religious observances that it was hard for him to leave them behind. Lord Durham thought financial provision should have been made for the extension of the Catholic Church outside of the seigniories and he was convinced that this "absence of the means of religious instruction has been the main cause of the indisposition of the French population to seek new settlements as the increase of their numbers pressed upon their resources."[30] In the *Topographical Dictionary*, phrases such as "these persons object to settle in the townships," and "none of the inhabitants will settle in the townships," are frequently encountered.[31]

Immigration from the British Isles and the United States was an added cause of discontent in many localities. Immigrants from Britain had not only introduced cholera into the province, but they took up land on which the habitant had hoped to have settled his sons. At Saint-Sulpice, in L'Assomption county, "besides more than a hundred families who have no lands, there are 600 youths, above and under 21, who are desirous of settling but cannot obtain lands, even in the neighbouring townships . . . on account of the number of strangers who settle there,"[32] and at Lachenaye settlement was impeded by "the

[28]Earl of Durham, *Report*, 15.
[29]Quoted in D. A. Heneker, *The Seignorial Régime in Canada* (Montreal, 1926), 318.
[30]Earl of Durham, *Report*, 60.
[31]Bouchette, *Topographical Dictionary*, La Prairie and Soulanges seigniories *passim*.
[32]*Ibid.*, St. Sulpice seigniory.

preference given by him [the seigneur] to strangers, particularly the Americans."[33] In some districts, where Irish immigrants had settled to the rear of the habitants, the standard of living of the latter was being undermined. This was especially true in the vicinity of Montreal and Quebec where the habitants relied upon selling their produce in the city markets. Captain Alexander,

> frequently witnessed a Canadian peasant returning from the market with the poultry, cheese or vegetables he had taken into town to dispose of, and with a scowl on his countenance retracing his steps homeward. The cause of his discontent was simply this: the Irish now crowd the markets in Lower Canada; at first they ask the same price as the habitants, but being as usual "from hand to mouth", they speedily reduce their price, and take whatever they can for their pork, butter, eggs, etc.[34]

It may therefore be concluded that, by 1837, severe inroads had been made upon the traditional well-being of the French-Canadian peasant, and that the main causes of this sharp deterioration in his condition were the failure of wheat as the staple crop and chief source of wealth, and the pressure of population upon the land, resulting in an excessive subdivision of holdings. Trying to support his large family on a smaller farm with reduced yields, yet still rendering the same tithes, and confronted with a seigneur who was no longer the friend and counsellor of earlier days but often an exacting alien, the habitant might be reduced to a misery which made him the easy prey of politicians. M. de Pontois, the French minister at Washington, was surely mistaken when he ascribed the discontent entirely to nationalism and told Paris that there was no other just cause for it: "Tout m'a confirmé dans l'opinion que la rivalité des deux races est, au fond, la cause réelle des troubles du pays, et la question de nationalité le seul argument que les agitateurs peuvent parvenir à faire comprendre aux canadiens."[35] According to him, British rule had "rien d'oppressif ni de blessant" and hostility to it was aroused only by "bruits les plus absurdes." It was rather for the social and economic reasons adduced above that the habitants were willing to listen to the agitators and ready to send fewer moderates and more extremists to the Assembly. The members were sometimes seigneurs, but more often professional and business men from the local villages, fired with zeal and devoted to Papineau. Dalhousie complained in 1828 that the new assembly was "a thousand degrees worse than the last—the lowest dregs of

[33]*Ibid.*, Lachenaye seigniory. The seigneur here was no longer French, but a Peter Pangman Esq.
[34]Alexander, *Transatlantic Sketches*, II, 213.
[35]La Roque de Roquebrune, "M. de Pontois et la rébellion des canadiens français en 1837-1838," *Nova Francia*, III (1928), 248.

society, village surgeons, butchers, tavern keepers, and such. . . . I cannot give them my usual public dinner."[36]

These village doctors, lawyers, butchers, and innkeepers were not mere political opportunists preying upon the peasants' discontents; they had grievances of their own and had themselves developed a fierce hatred of the British that no concessions could appease. This resulted, in part, from the educational system. Like many backward countries today, Lower Canada had a system of higher education which produced far more educated men than the country could absorb. Every year the Catholic colleges turned out two or three hundred men; almost all of them were the children of habitants selected by the village priest for their precocity. After leaving college, they returned to their villages where, their education having unfitted them for agriculture which they now despised, they became *curés, avocats, notaires,* and *médecins.*[37] But since there were too many of them to make a good living, their discontent dwelt upon the British office-holders whose places they coveted. Prominent among the grievances urged in the Ninety Two Resolutions passed by the Assembly in 1834 were the fewness and relative insignificance of the offices held by French Canadians.[38] M. Pothier, the member for Baie Saint-Paul, told Dr. Bigsby in 1836 that:

There is a grievance which we feel most acutely, that I may be allowed to state: it is that the greatest number, and the most lucrative, of our public offices are given to strangers. Every vacant place almost is filled up by the second cousin of a member of the Imperial Parliament, or by some one who has been useful to the ministry in some obscure county election. . . . At present, therefore, our own young ambitions are in dispair. I can shew you a hundred young men of family, with cultivated and honourable minds, absolutely running to seed for want of occupation, and exasperated at finding themselves neglected.[39]

Since these educated men, who were the kith and kin of the peasants among whom they lived, had immense influence, their own hostility was easily communicated to the people; and it was to their combination of intellectual superiority over the habitants and social equality with them, that Lord Durham attributed "the extraordinary influence of the Canadian demagogues."[40]

While the educated professional classes saw themselves excluded from the more lucrative offices, the commercial element found them-

[36]N. Macdonald, *Canada 1763–1841: Immigration and Settlement* (London, 1939), 392–3.
[37]Earl of Durham, *Report,* 13.
[38]F.-X. Garneau, *Histoire du Canada* (3 vols., Quebec, 1859), III, 633.
[39]John J. Bigsby, *The Shoe and Canoe or Pictures of Travel in the Canadas Illustrative of their Scenery and of Colonial Life with Facts and Opinions on Emigration, State Policy, and Other Points of Public Interest* (2 vols., London, 1850), I, 206–7.
[40]Earl of Durham, *Report,* 13–14.

selves unable to compete with their Anglo-Saxon rivals. And if a few "smarted under the loss occasioned by the success of English competition," they all felt acutely "the gradual increase of a class of strangers in whose hands the wealth of the country appeared to centre, and whose expenditure and influence eclipsed those of the class which had previously occupied the first position in the country."[41] Thus the unrest was greatest in the Montreal region where British commercial enterprise and penetration had been most forceful. It centred upon the city of Montreal and the large villages of the region, since these were the places where the professional and commercial inequalities between the two peoples were most blatant and the bitterness most intense. That is why it was against the Executive and Legislative Councils that the main torrent of the *patriotes*' abuse was directed. Not so much for the constitutional reasons alleged, as because the councils represented the British official and commercial classes.

The ungracious attitude of the British after the Conquest provided a suitable atmosphere for the growth of such jealousies: "had my countrymen in general, in former times, been more unbending in their demeanour towards them, and made them feel less sensitively their inferiority of condition, their asperities at the present day would have been at least softened towards us."[42] But where the two peoples did not meet, they had not, until recently felt much mutual animosity, and "those of the district below Quebec, who experienced little interference from the English, continued to a very late period to entertain comparatively friendly feelings towards them."[43]

[41]*Ibid.*, 14.
[42]T. R. Preston, *Three Years' Residence in Canada, 1837–1839* (2 vols., London, 1840), I, 76.
[43]Earl of Durham, *Report*, 8.

Le Mandement de Mgr Lartigue de 1837 et la réaction libérale

FERNAND OUELLET

Ce n'était pas la première fois en 1837 que le clergé canadien prenait position en faveur du gouvernement colonial anglais. En 1775, le gouvernement lui avait dû la neutralité des Canadiens contre les envahisseurs américains; de même, en 1812, le clergé avait gardé les Canadiens fidèles à l'Angleterre en leur présentant les Américains comme des "voisins" jaloux de leur "bonheur" et, au contraire, en montrant l'Angleterre "toute brillante de mille rayons de gloire, seule debout, au milieu de tous les trônes fracassés". (1)

Mais, en 1837, la situation n'est plus la même: ce sont des Canadiens qui veulent se révolter. Ils veulent se révolter au nom des principes libéraux. Au nom du droit naturel qui veut pour tout homme le droit à "la vie, à la liberté et à la recherche du bonheur" ; (2) au nom du droit nouveau des gens, revendiqué par les philosophes depuis plus d'un siècle, qui proclame le droit des peuples à disposer d'eux-mêmes et le respect de leurs caractères nationaux comme étant la condition essentielle de toute civilisation; enfin, c'est au nom du droit constitutionnel anglais lui-même qui consacre la souveraineté populaire et qui a admis par l'Acte constitutionnel de 1791 que les principes qui sont à la base de la constitution anglaise doivent aussi être à la base du gouvernement du Canada. Or, pour les libéraux canadiens, ces doctrines sont "sacrées et évidentes par elles-mêmes" (3) et, cependant, l'Angleterre les a violées par son administration oppressive. Ainsi, le 24 octobre 1837, pendant que les délégués à l'assemblée des six comtés, dans une adresse au peuple du Canada, proclamaient la souveraineté du peuple, le droit à la révolte et que, par conséquent, tout gouvernement n'était qu'une simple institution humaine", (3) Mgr Lartigue intervenait contre les patriotes par un mandement qui apparaît non seulement comme un exposé doctrinal mais comme un manifeste antilibéral. De leur côté, les libéraux n'y ont vu que le résultat de la pression du gouvernement sur le clergé.

(1) **Mandements des Evêques de Québec,** publiés par Mgr H. Têtu et l'abbé C.-O. Gagnon, vol. 3, p. 89. Québec, 1888.
(2) **Résolutions de l'assemblée de Saint-Charles** (le 23 octobre 1837). Dans la Minerve du 4 novembre 1837.
(3) **Adresse de la Confédération des six comtés** (le 24 octobre 1837), APQ coll. Papineau, papiers de la famille Papineau.

Reprinted from *Bulletin des Recherches historiques*, No. 2, 1952

Au 19ème siècle, deux principes mettaient en péril l'ordre traditionnel: le principe de la souveraineté populaire qui tendait à remplacer les monarchies par des républiques et le principe de la séparation de l'Eglise et de l'Etat qui mettait en cause non seulement le pouvoir temporel de l'Eglise mais aussi voulait limiter son activité au domaine purement spirituel. Le mandement de Mgr Lartigue est d'abord l'exposé de la doctrine catholique sur ces deux principes.

Mgr Lartigue au nom de l'union de l'Eglise et de l'Etat légitime son intervention. Pour lui, l'agitation qui règne dans le Bas-Canada menace d'opérer une distinction entre le titre "d'enfants d'une même Eglise" et citoyens d'un même état. Sur l'autorité de l'Ecriture et de la Tradition, il affirme que la morale chrétienne, faisant partie du "dépôt sacré de la foi", (4) doit être le fondement de tout ordre politique. C'est non seulement elle qui règle les devoirs du gouvernement à l'égard des citoyens, mais c'est à sa source que les citoyens doivent aller puiser leurs devoirs à l'égard du gouvernement établi. Aussi l'intervention de l'évêque de Montréal est-elle légitimée non seulement par la morale chrétienne qui lui en impose le devoir, mais par la tradition de l'Eglise qui a toujours donné à tout gouvernement établi "le secours de la sanction divine". (5) C'est pourquoi cette union intime de l'Eglise et de l'Etat prônée par l'Eglise lui apparaît comme la condition nécessaire à la bonne marche de tout gouvernement et lui permet d'opposer au dogme de la souveraineté populaire celui de la monarchie de droit divin.

Pendant que les libéraux canadiens considéraient la royauté comme "un souvenir vénérable du passé", (6) Mgr Lartigue affirmait sa croyance en la monarchie. Il démontrait avec l'archevêque de Tuam en Irlande que dans chaque état il devait y avoir "une autorité suprême et absolue" et que cette même autorité absolue subsistait "dans un pays libre, "comme l'Angleterre", où la monarchie peut être limitée par la Constitution." (7) Pour Mgr Lartigue, comme pour le cler-

---

(4) **Premier mandement au sujet des Troubles,** le 24 octobre 1837. (Mandements, Lettres pastorales, Circulaires et autres Documents publiés dans le diocèse de Montréal, t. I, p. 14-21).
(5) **Défense du mandement de Mgr l'évêque de Montréal.** Ce document de 8 pages est signé "Un Prêtre canadien" mais l'auteur est Mgr Lartigue lui-même comme l'a démontré Monsieur le chanoine Lionel Groulx dans **"Notre Maître, le passé".**
(6) **L'Aurore des Canadas,** le 4 mai 1835.
(7) **Défense du mandement,** p. 7.

gé du 19ème siècle, c'est là la véritable forme de gouvernement; c'est dans ce sens que saint Paul employait le mot "puissance". (8) Ainsi quand l'évêque de Montréal démontre que toute puissance vient de Dieu, il entend que toute monarchie est de droit divin et que, par conséquent, toute révolte est une contravention à "l'ordre de Dieu". (9) Cette conception du mot "puissance" comme synonyme du mot "roi" donne donc à son mandement une portée toute nouvelle et en fait la défense de la monarchie en face de la révolution qui s'annonce.

Cette révolution, il la condamne, non seulement parce que "l'Eglise est ennemie des révolutions", (10) mais parce que "tout pouvoir vient de Dieu". (11) Ce n'est donc pas au peuple à usurper le pouvoir de Dieu en jugeant les chefs qu'il lui a envoyés "pour punir les méchants et louer les bons". (12) Mgr Lartigue appuie sa doctrine à la fois sur l'autorité de Saint Paul et de Saint Pierre et il la présente comme étant révélée par les "oracles de l'Esprit Saint" et comme celle enseignée par Jésus-Christ. Et l'évêque de Montréal ajoute: telle est donc la vraie doctrine de l'Eglise qui a été exprimée par Grégoire XVI dans son Encyclique du 15 août 1832. Par conséquent, on doit la regarder comme une "décision dogmatique", et celui qui n'y adhère pas mérite d'être regardé "comme un Payen et un Publicain". (13) "Il ne s'agit pas ici de moins pour vous que de maintenir les lois de votre Religion, ou de les abandonner". (14)

En somme, dans son mandement adressé au Clergé et aux fidèles de son diocèse, Mgr Lartigue expose non seulement son droit à l'intervention par le principe de l'union de l'Eglise et de l'Etat, mais il condamne toute révolution et se pose en défenseur de la monarchie en s'appuyant sur le droit divin. Nous sommes déjà loin du "simple exposé doctrinal" dont parle l'auteur de "Notre Maître, le Passé". Bien plus, ce mandement apparaît comme un manifeste antilibéral.

Faire du mandement de Mgr Lartigue un simple exposé doctrinal, c'est négliger complètement le mouvement des idées

---

(8) **Défense du mandement**, p. 5.
(9) **Premier mandement**, p. 16.
(10) **Défense du mandement**, p. 7.
(11) **Premier mandement**, p. 19.
(12) **Premier mandement**, p. 16.
(13) **Premier mandement**, p. 17.
(14) **Premier mandement**, p. 20.

qui avait été à l'origine de la révolution américaine et des révolutions françaises de 1789 et de 1830; c'est oublier que ces mêmes idées libérales mettaient en péril, à ce moment, la plupart des monarchies européennes et caractérisaient les troubles de 1837. Il est donc nécessaire afin de mieux comprendre le mandement de Mgr Lartigue de se demander contre qui il était dirigé.

Si l'évêque de Montréal expose la doctrine de l'Eglise sur le principe de la monarchie de droit divin, c'est que ce même principe était mis en cause par les libéraux canadiens qui voulaient la république et la séparation de l'Eglise et de l'Etat. Ce n'est pas uniquement pour appuyer sa doctrine qu'il cite l'Encyclique de Grégoire XVI et son Bref aux évêques de Pologne. C'est que, dans cette encyclique, le pape condamnait les doctrines libérales en les plaçant au même rang que les "hérézies des Vaudois, des Béguards et des Wicléistes" (15) qui tendaient au renversement de l'ordre social. Si Mgr Lartigue se réfère à Grégoire XVI, c'est que le pape dans sa condamnation des idées libérales voulait aussi atteindre le groupe de l'Avenir et particulièrement Lamennais.

Le mandement de Mgr Lartigue est donc une condamnation des idées libérales et dans la défense de son mandement, il dit avec le Dr McHale que "l'Eglise Catholique, cette avocate de paix, ne sanctionnera jamais une doctrine qui, au lieu de donner quelque stabilité au gouvernement, bouleverserait perpétuellement les plus fermes monarchies de l'Europe". (16) Mgr Lartigue s'attaquait donc aux disciples de Lamennais. Déjà au mois d'août 1837, dans une lettre circulaire, il avait mis les fidèles en garde contre les "Paroles d'un Croyant" (17) qu'on avait répandues avec "profusion" dans les paroisses et dont les doctrines "perverses" avaient été condamnées par le pape. En effet, à la veille de 1837, les volumes de Lamennais étaient devenus le bréviaire politique des libéraux canadiens, tandis que, sur le plan religieux, le voltairianisme avait de nombreux adeptes. Mais les anticléricaux n'avaient pas encore exprimé ouvertement leurs idées religieuses et commencé la lutte contre le clergé. Il semble donc que Mgr Lartigue voulait forcer les libéraux radicaux à prendre

---
(15) **Premier mandement**, p. 19.
(16) **Défense du mandement**, p. 7.
(17) **Lettre circulaire du 10 août 1837** (Mandements, Lettres pastorales, Circulaires et autres Documents du diocèse de Montréal, t. I, p. 13).

ouvertement position sur le plan religieux. Lorsque Mgr Lartigue cite le bref aux évêques de Pologne, c'est aux libéraux qu'il s'adresse pour les accuser de vouloir tromper la crédulité des gens "sous prétexte de zèle pour le bien public". 18 Mais, dans la défense de son mandement, il est plus explicite: "Cessez de vous dire Catholiques.... Par là du moins, vous ne tromperez plus vos compatriotes moins instruits... et vous ne feindrez plus d'appartenir à une religion dont la plupart d'entre vous avaient déjà abandonné les pratiques les plus distinctives, avant de vous séparer de la doctrine de l'évêque et de son clergé". (19)

Ainsi le mandement de Mgr Lartigue est nettement dirigé contre les libéraux radicaux, républicains, et, par leurs convictions, anticléricaux. Ce mandement prend donc le caractère d'un manifeste antilibéral. Mais les libéraux ne lui ont prêté aucun caractère dogmatique. Ils y ont vu la pression du gouvernement et la **Minerve** la caractérise en en faisant la "Deuxième Edition de la Proclamation de Gosford".

Lamenais avait vu dans l'Encyclique "Marani vos" le résultat de la coalition des princes de l'Europe et de l'Eglise pour abattre des doctrines qui devaient être désormais associées au développement de l'humanité. Nous constatons donc que les disciples canadiens de Lamennais en disent autant du mandement de Mgr Lartigue.

Tandis que la **Minerve** voyait dans le voyage de l'évêque de Montréal à Québec un prétexte pour "combiner" le mandement avec lord Gosford, D.-B. Viger affirmait que l'évêque de Montréal n'avait "soutenu le principe de l'obéissance passive que sous une influence étrangère". (20) Pour Viger, on n'avait pas besoin de preuves écrites de la main même de Mgr Lartigue pour affirmer cette intervention du pouvoir civil: "on ne démontre pas que le soleil éclaire". (21) Selon tous les libéraux, le clergé avait fait le jeu du gouvernement. C'est Louis-Joseph Amédée Papineau qui a le plus clairement exprimé l'attitude des libéraux en face de ce mandement lorsqu'il disait: "Rien ne m'a plus dégoûté que de voir aux époques de crise et de révolutions où le peuple a voulu revendiquer ses droits, les ministres des religions servir d'instruments aux ty-

---

(18) **Premier mandement**, p. 19.
(19) **Défense du mandement**, p. 1.
(20) **L'Aurore des Canadas**, le 18 janvier 1842.
(21) **L'Aurore des Canadas**, le 25 janvier 1842.

rans, et par une alliance avec ces malfaiteurs contre leurs adeptes et leurs "brebis", sacrifier celles-ci, et les condamner aux tourments éternels d'un autre monde si elles résistent aux tourments de l'esclavage dans ce monde-ci". (22) Il n'est donc pas étonnant de voir que les libéraux aient dénié tout caractère dogmatique à ce mandement. C'est Denis-Benjamin Viger, cousin de Mgr Lartigue, qui, par une série d'articles dans l'**Aurore des Canadas,** a contesté toute la portée doctrinale de ce mandement en invoquant l'autorité de Lamennais, l'histoire et les fondements de la constitution anglaise.

Même si Denis-Benjamin Viger voyait encore l'avenir du Canada dans le lien anglais, il n'en était pas moins le partisan du libéralisme chrétien de Lamennais. Pour Viger, le mépris affiché par les défenseurs de la monarchie de droit divin ne peut "déconsidérer en rien le caractère irréprochable d'un génie comme Lamennais. (23) Ainsi, pour Viger, lorsque Mgr Lartigue s'appuie sur l'autorité de Grégoire XVI pour condamner l'insurrection et les principes libéraux, il s'appuie sur l'autorité d'un pape qui s'est fait "payer son bref aux évêques de Pologne par le gouvernement russe". (24) Il s'appuie sur l'autorité d'un homme qui avait été capable de condamner Lamennais en faisant entrer "la colère comme ingrédient dans les foudres du Vatican". (25) On doit donc, dit-il, refuser toute portée dogmatique au mandement qui "nous a condamné" comme à l'encyclique qui a condamné Lamennais. Telle est la conclusion de Viger qui s'empresse de référer ses lecteurs à l'histoire pour leur faire voir que "sur des matières civiles qu'il est difficile d'isoler de la partie dogmatique de la religion" (26) l'infaillibilité papale n'est pas de foi.

En face des Editeurs des **Mélanges religieux** qui l'accusent d'avoir "renié le catholicisme" et d'avoir "acquis le titre d'apostat", Denis-Benjamin Viger trace un tableau des erreurs de la papauté lorsqu'elle s'est prononcée sur des questions politiques. Selon lui, la doctrine du mandement n'a pas plus de valeur que la condamnation de Galilée, par l'Eglise; d'autre part, l'encyclique de Grégoire XVI lui présente une analogie frappante avec celle de Benoit XIV sur le prêt à inté-

---

(22) **Mémoires de L.-J. Amédée Papineau,** p. 42. APQ, coll. Papineau, rayon XV, papiers de la famille Papineau.
(23) **L'Aurore des Canadas,** le 25 janvier 1842.
(24) **L'Aurore des Canadas,** le 1er février 1842.
(25) **L'Aurore des Canadas,** le 25 janvier 1842.
(26) **L'Aurore des Canadas,** le 18 janvier 1842.

rêt et qu'on "donnait faussement comme partie du dogme religieux" et, qui, en même temps, était contraire "aux principes de l'économie publique". (27) Cette encyclique de Benoît XIV lui apparaît comme aussi doctrinale que l'encyclique de Grégoire XVI et pourtant, même si la peine de mort existait contre les "usuaires", aujourd'hui cette doctrine n'est plus admise. Et Viger conclut qu'il en "sera de même du bref de Grégoire XVI" (28) qui affirme la doctrine de l'obéissance passive.

Puis D.-B. Viger attire l'attention sur l'attitude étrange de papes qui ont couronné des usurpateurs comme Napoléon et détrôné à leur gré des princes légitimes comme Frédéric II et Jean Sans Terre. Ce que le cousin de Mgr Lartigue prétend démontrer en citant de tels exemples, c'est que les papes ont fait servir leur puissance spirituelle pour assurer leur hégémonie temporelle. Le mandement de Mgr Lartigue, comme l'encyclique de Grégoire XVI lui apparaissent donc comme une tentative de la papauté et du clergé pour abattre, avec l'aide des monarchies, des doctrines qui mettent en péril à la fois le pouvoir temporel des papes et la monarchie traditionnelle. Ainsi, pour D.-B. Viger, tout catholique peut contester la portée dogmatique du mandement sans pour cela être considéré comme un "payen et un publicain". Il entend donc que la doctrine prêchée par le mandement de Mgr Lartigue est faussement dogmatique et, de plus, est la négation des principes fondamentaux de la constitution anglaise.

Pour Denis-Benjamin Viger, comme pour tous, les libéraux, la constitution anglaise respectait fondamentalement les principes libéraux. Cette constitution était le résultat de luttes séculaires pour assurer au peuple anglais la vraie liberté et toute l'histoire d'Angleterre leur apparaissait comme une lutte perpétuelle de la part du peuple contre les rois et la papauté pour l'affirmation de sa souveraineté. Toute l'histoire d'Angleterre était là aussi pour leur rappeler que la révolution était parfois le plus sacré des devoirs. Ainsi le mandement de l'évêque de Montréal qui exige l'obéissance passive est, pour Viger, la négation de tous les droits fondamentaux du citoyen anglais.

---

(27) **L'Aurore des Canadas,** le 1er février 1842.
(28) **L'Aurore des Canadas,** le 8 février 1842.

En conséquence les libéraux canadiens n'ont vu dans ce mandement que la défense de l'ordre traditionnel en face des idées nouvelles et lui ont nié toute portée dogmatique. Ce mandement marque un point très important dans le mouvement des idées dans le Canada du 19ème siècle. Il marque une scission définitive entre les libéraux et le clergé dont ils feront le porte-parole de l'oligarchie anglaise. Pour eux, le clergé était étranger aux véritables intérêts de l'humanité et, désormais, les voltairiens et les menaisiens ne craindront plus d'exprimer ouvertement leurs idées rationalistes et leur croyance en la raison universelle.

Papineau dans la révolution de 1837-1838

FERNAND OUELLET

Dès l'annonce des résolutions de Russell, il était devenu évident que le parti patriote se trouvait devant un dilemme : c'est-à-dire d'accepter un compromis qui aurait équivalu à une capitulation; ou, encore, de préparer la révolution. Cette dernière solution a prévalu. Filteau, qui semble avoir endossé en son entier la thèse émise par Papineau et les autres révolutionnaires au sujet des troubles, donne cependant une conclusion plus nuancée. « Après les accusations directes, dit-il, les dépositions des témoins, et des acteurs du drame, la preuve d'intérêt, la preuve de circonstance établit facilement que les choses se sont passées comme s'il y avait eu un complot bureaucrate. »[1] Evidemment, l'auteur de l'*Histoire des Patriotes* désirait démontrer l'existence d'une conspiration bureaucratique. Mais ne trouverait-on pas là, au contraire, une explication de l'ensemble de la conduite de Papineau au cours de la période révolutionnaire ? Cela signifie qu'il aurait machiné la marche de la révolution de façon à laisser tomber la responsabilité du mouvement sur le parti anglais et sur le gouvernement. Dans le cas d'un succès, les patriotes devenaient des héros; mais, dans la situation contraire, ils devenaient des martyrs ! Les martyrs n'excitent-ils pas aussi l'admiration ? D'ailleurs la conduite de Papineau avant 1837 avait eu en grande partie cette signification. Il s'était continuellement maintenu sur la défensive et il avait profité à fond de toutes les erreurs de ses adversaires. Son souci d'évoquer systématiquement la légalité de ses actes ne tendait-il pas à créer un écran derrière lequel il était possible de masquer le mouvement qu'il préparait ? Une lettre de Wolfred Nelson, écrite après la parution du pamphlet de Papineau, permet de mettre l'accent sur une préméditation de la révolution.

> Il faut rencontrer, disait Nelson, les fourbes soit par leurs armes soit par l'adresse. La franchise est excellente avec les honnêtes gens et dans la vie privée; mais elle nous met trop à découvert dans la vie publique. Je suis fâché de l'admission et de M. Papineau et de McKenzie *que nous étions décidés à nous révolter*. C'est justifier nos adversaires et nous ôter tout droit de nous plaindre d'avoir été attaqué.[2]

Ainsi, le comportement de Nelson devient facile à comprendre. Dès le printemps 1837, il a voulu une révolution; mais, l'expérience s'étant révélée désastreuse, il a essayé de se justifier en attribuant au gouverne-

---

* La présente étude fait partie d'un ouvrage beaucoup plus considérable, « Essai sur le rôle de Louis-Joseph Papineau dans la Révolution de 1837-1838 », encore manuscrit.
[1] G. Filteau, *Histoire des Patriotes*, II, 215.
[2] W. Nelson à Duvernay (1ᵉʳ août 1839), APQ, *CO11, Duvernay*, 318.

ment l'initiative du mouvement. Il serait, cependant, inexact de situer la conduite de Papineau dans cette perspective. Celui-ci a fait l'expérience de la rébellion d'une façon différente de Nelson.

SA PARTICIPATION A L'ORGANISATION DE LA RÉVOLUTION

L'examen de la conduite de Papineau, pendant la rébellion, révèle des hésitations continuelles. Il n'est pas entré dans le mouvement avec la détermination qui caractérisait Wolfred Nelson. Sans doute il a réalisé qu'il lui était impossible de se retirer; cependant ses attitudes extérieures ont été celles d'un homme qui n'est pas profondément engagé. L'abbé Chartier avait parfaitement compris, qu'au printemps de 1837, Papineau était lié irrévocablement au mouvement qu'il avait contribué à faire naître.

> Pour le général, disait-il, ce n'était plus une question : celui qui venait d'acquérir sur le peuple une emprise bien supérieure à celle du Gouvernement Britannique, dont il avait déjà de fait arrêté l'action; qui avait déjà opéré une révolution morale la plus complète; celui-là seul pouvait se mettre à la tête d'une insurrection. [3]

Dans ces conditions, Papineau aurait été porté chef du mouvement révolutionnaire sous le seul poids des événements ! Evidemment il aurait pu se récuser, mais ne désirait-il pas aussi devenir le président d'une république canadienne ? Au début de novembre 1837, Angélique Labadie, servante chez Papineau, lui entendra dire « qu'il ne serait jamais satisfait qu'il ne fut président dans ce pays et qu'il le serait bientôt, de plus que si le gouvernement lui ravissait ce pays il lui volerait ». [4] Ainsi Papineau avait des intérêts positifs à demeurer chef du parti révolutionnaire. Comment a-t-il pu dire alors qu'il n'avait jamais voulu ni préparé la révolution ?

A compter des résolutions de Russell, le parti républicain a procédé à un ajustement de ses cadres. Le *Comité central et permanent de Montréal*, fondé en 1834, n'est plus surtout un centre de discussion des problèmes politiques; il devient, après le 15 mai, un organisme chargé de coordonner l'action des membres du parti à travers toute la province. Les principaux chefs du parti étaient directeurs du Comité, lequel demeurait sous le contrôle de Papineau. Au cours de l'été, des succursales furent établies au sud et au nord de Montréal. Elles se maintenaient en contact avec le bureau central. Déjà, au mois de mai, les membres du Comité central semblent obéir à un programme précis. Il nous est cependant impossible de déterminer exactement les mesures adoptées à cette époque par le Comité de Montréal. Papineau a eu le soin de détruire les minutes du Comité et sa propre correspondance. [5] Malgré les défi-

---

[3] L'abbé Chartier à Papineau, BRH, XLIII, 118.
[4] Déposition d'Angélique Labadie (9 déc. 1837), APQ, E. 1837-38, 843.
[5] « I had destroyed on reading the good advice you gave to that effect all letter received month's before I have continued the practice since and hope all friends will do the same... » Lettre de Papineau à Mackenzie (12 fév. 1838), APQ, P-B : 529.

ciences de la documentation, il est cependant possible de déterminer d'une manière assez précise l'attitude de Papineau en face du problème de la révolution. Son entrevue avec Denis-Benjamin Viger et Côme-Séraphin Cherrier, avant son départ de Montréal, nous renseigne positivement sur ses intentions, au mois de novembre 1837, et sur ses projets antérieurs. Dès le printemps 1837, Papineau aurait réussi à faire adopter ou à imposer un plan conforme à ses attitudes antérieures à 1837. Ce plan, appuyé par le clan de la Banque du Peuple qui supportait l'opposition aux marchands anglais, consistait à « organiser les milices et soulever les habitants pour faire peur au gouvernement ». [6] Une révolution ne devait être déclarée que si « ce moyen ne réussissait pas ». Dans ce dernier cas, il fallait « attendre la prise des glaces qu'alors d'un coup de sifflet les habitants en masse et des milliers d'Américains épouseraient leur cause et qu'ils seraient bientôt maîtres du pays ». Une lettre de Papineau à Mackenzie confirme nettement l'adoption de ce plan.

> Si la navigation, affirmait-il, avait été fermée comme d'habitude vers le 20 novembre, si l'élection des magistrats avait été faite sans violence et seulement en décembre comme on l'avait recommandé, alors les communications auraient été bloquées entre la rive nord et la rive sud du St-Laurent, les chances de réussir auraient été meilleures. [7]

Nous retrouvons une affirmation analogue dans son *Histoire de l'Insurrection du Canada*.

> Aussi, parmi les acteurs de ce drame sanglant, n'y en a-t-il aucun qui se repente d'avoir tenté la résistance; et parmi leurs concitoyens, il n'y en a pas un sur mille qui leur reproche de l'avoir fait. Seulement il y a dans l'âme de tous un chagrin profond que cette résistance ait été malheureuse, mais en même temps un grand espoir qu'elle sera reprise et prévaudra. Ce n'est pas que l'insurrection n'eût été légitime, mais nous avions résolu de n'y pas recourir encore. [8]

Ce plan permettait de préparer la révolution sous le signe de la légalité. Evidemment Papineau allait se réfugier derrière l'idée d'une opposition constitutionnelle afin de n'avoir pas à envisager la responsabilité du mouvement. Dès ce moment, il s'est créé l'illusion qu'il pourrait réussir à effrayer le gouvernement anglais et à obtenir les réformes qu'il demandait par une opposition « légale ». Les dirigeants gouvernementaux, à l'époque des premières assemblées, n'ont pas éprouvé le besoin d'une réaction vigoureuse parce qu'ils voyaient l'agitation dans la même optique que Papineau. De leur côté, les bureaucrates ont très tôt aperçu les tendances réelles des grandes assemblées. C'est pourquoi ils ont commencé à se préparer tout en exerçant des pressions très fortes sur le

---

[6] Déposition de A. Labadie, APQ, P-B : 843.

[7] « Had the navigation closed as usual by the 20th of Nov. had the election of Magistrates been organised without violence and only in December as recommanded then the communication between the north and the south banks of the St. Lawrence had been impeded and better chances had been within reach. » **Papineau à Mackenzie** (12 fév. 1838), APQ, P-B : 529.

[8] *Hist. de l'Ins. au Canada*, p. 10.

gouvernement. En réalité, le projet de Papineau et sa réalisation impliquaient des attitudes contradictoires. Papineau en arrivera même à se comporter comme s'il n'avait jamais accepté la seconde partie du programme révolutionnaire. Il attribuera les actes anarchiques posés au cours de l'été à l'influence de certains de ses lieutenants. Il les verra même comme une réaction « spontanée » de la part du peuple. Le 12 novembre, William Henry Scott se rendit à Montréal pour y rencontrer Papineau. Celui-ci lui dit alors que la Révolution « était commencée dans le Sud mais que les chefs, croyait-il, n'avaient pu l'empêcher parce que c'était un mouvement spontané de la part des habitants ». Scott lui répondit que « les chefs auraient pu empêcher la révolte s'ils l'avaient voulu ». Papineau « mentionna, à ce moment, le nom du Dr Côté comme étant le principal agitateur dans cette région ». [9] Il y a chez Papineau une tendance perpétuelle à se désolidariser du mouvement.

Il était impossible de susciter l'agitation tout en la maintenant dans les bornes de l'opposition « constitutionnelle ». Le succès d'une telle entreprise exigeait un contrôle absolu sur l'activité des dirigeants et sur la réaction populaire. Papineau lui-même était-il capable de régler à volonté l'influence de ses propres discours ? Certes son programme « d'achat chez nous » constituait une mesure proprement constitutionnelle. Elle était aussi propre à maintenir chez lui l'illusion de la pureté de ses intentions. Papineau ne s'est pas contenté de décrire les abus ; il est allé jusqu'à suggérer directement au peuple la nécessité d'une révolte. Lors de l'assemblée de Sainte-Scholastique où fut déployé « le pavillon national du Canada », [10] Papineau avait montré comment les Américains avaient réussi à conquérir leur indépendance. [11] L'interprétation de ses discours par les paysans était faite dans un sens révolutionnaire. Le rapport fait par un habitant qui avait assisté à l'assemblée de Sainte-Scholastique confirme cet aspect du problème.

> Papineau y aurait dit : que depuis plusieurs années le gouvernement leur otoit des droits qui leur appartenoient qu'on avoit voulu leur oter l'usage de leur langue, qu'on donnoit au Clergé protestant des droits qui appartenoient aux Canadiens, que le gouvernement refusoit de rendre compte d'une somme considérable qui appartenoit au pays, qu'il refusoit pareillement de donner des argents pour les Ecoles, qu'en se privant des objets importés et qui payoient des droits on obligeroit le gouvernement à nous accorder nos demandes sans perdre un cheveu sur nos têtes, que le gouvernement avoit violé nos droits et nos loix, qu'il falloit laisser murir la prune et quand elle le seroit on la cueilleroit. [12]

La déposition produite par Louis Thonin, après l'assemblée de Napierville, interprète aussi l'attitude de Papineau comme révolution-

---

[9] Déposition de William Henry Scott, APQ, E. 1837-38, 743.
[10] *Mémoires de L.-J.-A. Papineau*, 9.
[11] APQ, E. 1837-38, 805.
[12] *Ibid.*, 807.

naire.[13] Au moins une centaine de témoignages expriment des réactions semblables. Dans ces conditions, comment Papineau a-t-il pu écrire en 1839 : « Je mets le gouvernement anglais au défi de me démentir, quand j'affirme qu'aucun de nous n'avait préparé, voulu ou même prévu, la résistance armée. »[14] L'établissement d'une *Association des Fils de la Liberté* à Montréal au mois de septembre ne prouve-t-elle pas, au contraire, la préméditation de la Révolution ?

L'*Association des Fils de la Liberté* comprenait les éléments les plus jeunes et les plus instables du parti patriote. Cependant, il ne s'agissait pas d'adolescents. Le fils de Papineau était un des plus jeunes organisateurs. Dès sa fondation, l'association possédait un caractère révolutionnaire.[15] Elle était formée de deux organismes : l'un, civil et l'autre, militaire. Le manifeste publié au début d'octobre laissait peu de doute sur ses tendances réelles. Les *Fils de la Liberté* ne se contentaient pas de se réunir pour discuter politique sur un plan abstrait. On lisait à leurs réunions les *Paroles d'un Croyant* de Lamennais, des écrits sur la révolution américaine et sur la révolution française. Pendant tout le mois d'octobre, les *Fils de la Liberté*, groupés en sections, se réunissaient pour faire des exercices militaires. Des filiales avaient aussi été introduites dans les campagnes. Les nombreux témoignages émis par les prisonniers politiques et par les réfugiés révèlent les intentions réelles qui inspiraient les dirigeants de l'Association. Il s'agissait moins de se faire craindre de l'Angleterre que de créer un climat favorable à une révolte. Les discours de Rodier, des De Lorimier, des Perreault, de Girod et de Brown aux assemblées étaient propres à produire ce résultat. Papineau ne paraît pas s'être occupé directement de l'Association. Mais il y était représenté par ses lieutenants. Encore là, il a cru que les gestes posés par ces derniers ne l'engageaient pas personnellement. Cette attitude provenait-elle, pour une part, de dissensions à l'intérieur du parti révolutionnaire ?

La marche imprimée au mouvement révolutionnaire par Papineau ne pouvait satisfaire complètement les éléments les plus radicaux du parti républicain. Déjà, à partir du mois de juin, Rodier, Girod, Nelson et Côté, dans leurs discours, s'attaquaient violemment au régime seigneurial et aux dîmes. Ils prêchaient ouvertement la révolte. Ils avaient trouvé un appui chez un grand nombre de patriotes actifs. Les résolutions des assemblées qu'ils dirigeaient prenaient un caractère plus radical. Sous prétexte de faire signer une adresse au Congrès américain en faveur de

---

[13] « I can get from your speech you would recommend the inhabitants of this country to rebel against the government of England? Would it not be a dangerous thing for us to desobey the commands of our sovereign, it may happen that we will be served in the same way that inhabitants of Acadia in Nova Scotia were, when they rebelled against their sovereign. Mr Papineau replied and said this has nothing to do with the affair of Acadia this does not molest the sovereign, but the ministry and parliament who are a band of robbers. » *Ibid.*, 846.
[14] *Hist. de l'Ins. au C.*, 10.
[15] Nous étudierons plus à fond dans notre étude sur la Révolution le rôle de cet organisme que nous qualifions de révolutionnaire.

la liberté du commerce, ils firent souscrire les paysans pour l'achat d'armes et de munitions.[16] Pendant tout l'été, on avait pu voir dans plusieurs paroisses des paysans se promener armés. Les marchands et les cultivateurs anglais établis dans les campagnes commencèrent à craindre pour leur vie et pour leurs biens. Ils demandèrent la protection du gouvernement. L'agitation continua à augmenter jusqu'au mois d'octobre et elle gagna l'ensemble de la région au sud et au nord de Montréal. Papineau semble avoir fermé les yeux sur les agissements des radicaux. Cependant, il était possible de déceler des divergences profondes entre ceux-ci et Papineau. Elles ne semblent pas avoir été exprimées ouvertement pour un certain nombre de raisons. Papineau, sans se l'avouer, comptait sur eux pour traduire l'agitation en révolution dans le cas où le gouvernement ne se rendrait pas aux pressions des patriotes. Il pouvait aussi hésiter devant la perspective d'une scission qui aurait été désastreuse pour la cause. D'autre part, les radicaux considéraient la présence de Papineau comme essentielle à la réussite de l'insurrection. Enfin ils continuaient encore, à ce moment, d'être subjugués par l'homme et par son mythe. L'assemblée de Saint-Charles a contribué à rendre ces problèmes plus évidents. D'ailleurs l'attitude de Papineau devenait de plus en plus hésitante à mesure que le moment de la révolte approchait. A ce point de vue, l'assemblée de Saint-Charles a aussi marqué un tournant.

L'assemblée de Saint-Charles a été interprétée par les dirigeants gouvernementaux dans un sens révolutionnaire. On se fondait non seulement sur l'ordonnance du 8 juin, mais aussi sur la nature des résolutions adoptées. C'est pourquoi ils ont considéré l'adresse émise par les membres de l'assemblée comme une déclaration d'indépendance pour les six comtés. Aux yeux des républicains radicaux, l'assemblée prenait aussi cette signification. Au contraire, Papineau parut y maintenir ses positions antécédentes relatives au boycottage des produits taxés. On ne pouvait donc pas l'accuser d'y avoir donné le signal de la révolte. Néanmoins on pouvait invoquer le fait qu'il en avait été l'initiateur. C'est pourquoi on ne saurait sous-estimer l'importance de sa participation à l'assemblée de Saint-Charles.

Dans l'esprit de Papineau, la convention de Saint-Charles était le couronnement du régime d'agitation qui devait amener les concessions

---

[16] Il avait été question d'une souscription dès le 7 mai à l'assemblée de Saint-Ours. « Que pour opérer plus efficacement la régénération de ce pays, il convient à l'exemple de l'Irlande de se rallier autour d'un homme. Que cet homme Dieu l'a marqué comme O'Connell pour être chef politique, le régénérateur d'un peuple; qu'il lui a donné pour cela une force de pensée et de parole qui n'est pas surpassée; une haine de l'oppression, un amour du pays qu'aucune promesse, qu'aucune menace du pouvoir ne peut fausser. Que cet homme déjà désigné par le pays est : Louis-Joseph Papineau. Cette assemblée considérant les heureux résultats obtenus en Irlande du tribut appelé Tribut O'Connell est d'avis qu'un semblable tribut sous le nom de Tribut Papineau devrait exister en ce pays. Les comités de l'association contre l'importation seraient chargés de le percevoir. » *Mémoires de L.-J.-A. Papineau*, II, 5.

gouvernementales. Au début de septembre, il avait profité d'un voyage à la Petite-Nation pour rencontrer les chefs du comté des Deux-Montagnes : Girouard, Scott, Chénier et Dumouchelle. Au milieu du même mois, il s'était rendu à Saint-Hyacinthe, sous prétexte de conduire son fils au collège, afin d'élaborer les plans de l'assemblée. A son retour, il avait séjourné à Saint-Denis, à Verchères et à Varennes. Cependant, l'organisation effective fut abandonnée aux dirigeants locaux. Ceci explique que Papineau recevra une invitation spéciale au même titre que les chefs des différentes paroisses de la région de Montréal. Le 21 octobre, il se rendit à Saint-Charles en compagnie d'une quinzaine d'hommes armés. Le lendemain, les résolutions furent préparées par Papineau et par O'Callaghan. Le 23, au cours de l'avant-midi, un comité spécial fut formé afin d'étudier les résolutions. En réalité, le comité n'a fait que confirmer le travail déjà produit par le chef. A midi, les résolutions furent présentées à Papineau qui présidait l'assemblée des députés. C'est là que furent choisis ceux qui devaient les présenter et ceux qui devaient les appuyer. En somme, les résolutions telles que produites devant l'assemblée, étaient entièrement l'œuvre de Papineau et, en conséquence, aucune modification ne pouvait leur être apportée. [17]

Les résolutions et l'adresse de l'assemblée des six comtés commençaient par une déclaration des droits de l'homme. Parmi ceux-ci figuraient la liberté, l'égalité, le droit à la vie, la recherche du bonheur et le droit à la révolte. Le préambule des résolutions était pratiquement une traduction de celui de la déclaration de l'indépendance américaine. Comme dans celle-ci la propriété n'apparaît pas au nombre des droits premiers de l'homme. Faut-il y voir le désir d'imiter les Américains qui, n'ayant pas eu à abolir les servitudes féodales, en étaient restés à la conception de la propriété de Burlamaqui et de Rousseau ? Pourtant Papineau concevait la propriété comme le premier des droits de l'homme et, à ce point de vue, il s'opposait aux radicaux. Ses notes portées sur le texte de la déclaration d'indépendance émise par Nelson en 1838 sont révélatrices de cet aspect de sa pensée. Visant l'abolition des droits seigneuriaux, Papineau y avait écrit : « Je ne pourrais consciencieusement souscrire aux parties soulignées de cette Déclaration. Il n'est pas plus légal et juste de voler un seigneur qu'un autre homme. » [18] En omettant de mentionner la propriété dans la déclaration de Saint-Charles, Papineau semblait préparer le chemin pour une abolition de la tenure seigneuriale ! Nous croyons plutôt qu'il a voulu éviter de poser le problème afin d'empêcher une scission ou un conflit avec les radicaux. De plus, une discussion détaillée de ces problèmes aurait forcé Papineau à opter ouvertement pour ou contre la révolution. Quoi qu'il en soit, l'adresse

[17] Voir APQ, *Mémoires de L.-J.-A. Papineau*, II, 24 : surtout E. 1837-38, 42, 43, 46, 49, 842.
[18] APQ, P-B III, Copie de l'adresse de la Confédération des Six-Comtés et des résolutions. — La déclaration d'indépendance de Nelson annotée par Papineau a été publiée dans *La Presse*, le 22 mars 1924.

issue de la *Confédération des Six Comtés* avait un caractère nettement révolutionnaire. Il en était de même de la résolution recommandant la destitution des officiers de milice et de justice nommés par le gouvernement afin de les remplacer par des officiers élus par le peuple. Elle signifiait une intention de placer l'organisation militaire sous le contrôle des patriotes. Enfin l'assemblée suggéra l'établissement de sections locales pour les *Fils de la Liberté*. En somme les mesures prises à l'assemblée des *Six Comtés* constituaient un pas important vers la réalisation de la seconde partie du programme adopté au printemps par les patriotes. Comment Papineau a-t-il pu se désolidariser, le 14 novembre, des procédés et des conséquences de l'assemblée de Saint-Charles ? « Je demandai à Mr Papineau, disait Toussaint Drolet, ce que tout cela voulait dire et lui exprimai ma conviction que tous ces troubles prenaient leur origine de l'assemblée de Saint-Charles. Il me dit pour toute réponse que l'assemblée de Saint-Charles était notre affaire et qu'il n'était venu à cette assemblée qu'en passant. » [19]

Certes l'attitude officielle prise par Papineau avait été d'insister pour que l'élection des nouveaux officiers de milice se fasse sans violences et il avait maintenu ses positions antérieures concernant la non-consommation des produits taxés. Mais il n'en demeure pas moins vrai que l'assemblée était son œuvre. Son refus d'en assumer, après coup, la responsabilité nous semble avoir été, en partie, le résultat de l'action du groupe radical à la réunion de Saint-Charles. La demande subite, de la part des représentants du comté de Lacadie, de faire partie de la *Confédération* révèle que les radicaux entendaient s'affirmer vigoureusement. Les discours de Côté, de Nelson et de Girod consacraient le sens réel des résolutions. Pour ceux-ci l'assemblée de Saint-Charles marquait le début de l'insurrection. Comment Papineau avait-il pu ignorer les plans militaires élaborés à cette occasion ? Le lendemain de l'assemblée, Kimbert, un des chefs patriotes, avait avoué l'existence d'un complot tendant à renverser le gouvernement.

> Du moment que la Rivière sera prise, disait-il, nous irons avec 40 ou 50000 hommes armés prendre Montréal, tous les habitants sont bien armés et bien fournis de munitions et bien déterminés et après Montréal nous prendrons Québec. J'ai été à St-Charles et jamais dans aucun pays on n'a vu une pareille assemblée déterminée à se débarrasser du gouvernement anglais. [20]

Papineau a-t-il considéré ses hésitations et sa propre peur comme un refus de participer à la rébellion ?

Après l'assemblée de Saint-Charles, l'agitation s'est considérablement accrue. Dans les paroisses du Richelieu, les patriotes faisaient des *charivaris* à tous ceux qui détenaient des fonctions gouvernementales. Les bureaucrates et leurs sympathisants étaient souvent forcés de quitter leurs villages. Les marchands anglais voyaient leurs magasins pillés. Un

---

[19] Examen de Toussaint Drolet, APQ, E. 1837-38, 46.
[20] Déposition d'Augustin Keeper (17 novembre 1837), *ibid.*, nouvelle série.

climat de menaces, d'excitation et de peur régnait dans les paroisses situées au sud et au nord de Montréal. En même temps, les patriotes essayaient de se procurer des armes et des munitions. A Montréal, les assemblées des *Fils de la Liberté* et du *Doric Club* devenaient de plus en plus tumultueuses. Le 6 novembre, une échauffourée se produisit entre les membres des deux clubs. La réaction gouvernementale ne pouvait tarder à se faire sentir. Quelques jours après l'arrivée du Procureur général à Montréal, le 3 novembre, l'arrestation des chefs des *Fils de la Liberté* et des organisateurs de l'assemblée de Saint-Charles fut décidée. Cette nouvelle fut répandue, peut-être intentionnellement, plusieurs jours avant l'émission des mandats. Elle provoqua immédiatement la panique parmi les chefs patriotes qui quittèrent Montréal pour se réfugier dans les paroisses environnantes. Ceci entraîna la dissolution des *Fils de la Liberté*. Tout se passa alors, aux yeux des patriotes, comme si le gouvernement était l'agresseur et eux, les victimes. Dans le comté de Vaudreuil, les chefs réunirent les paysans et leur demandèrent, sans plus de formalités, de les défendre. Girod se rendit avec plusieurs autres dans le comté des Deux-Montagnes où l'agitation était à ce moment très forte. Les autres chefs se dirigèrent vers Saint-Denis et Saint-Charles qui étaient aussi en pleine effervescence. C'est dans ce climat de panique et de peur collective que s'organisa la résistance. [21] En somme, un simple geste du gouvernement avait réussi à jeter le désarroi dans le camp patriote. Cependant l'excitation qui se maintenait dans la région de Montréal, se communiqua à travers toute la province et laissa croire à un mouvement de révolte généralisé. Les dirigeants gouvernementaux ont été fortement influencés par ce climat. C'est ce qui explique leurs hésitations et la lenteur des opérations militaires. Le manque de troupes contribua à renforcer ces craintes.

De son côté, Papineau avait continué, après le 25 octobre, à se maintenir en contact avec les chefs patriotes. Le 6 novembre, sa maison fut attaquée par les membres du *Doric Club*. Après cet assaut, il demeura chez lui en compagnie d'un groupe de patriotes armés. La nouvelle de l'arrestation imminente des chefs semble lui avoir été communiquée entre le 6 et le 8 novembre. Elle provoqua chez lui tour à tour de la colère et de l'abattement. La décision gouvernementale le forçait à agir. Le temps des discours était passé. Entre le 7 et le 10 novembre, il reçut la visite d'un délégué des révolutionnaires du Haut-Canada. Robert Nelson et O'Callaghan assistèrent à l'entrevue qui dura une partie de la journée. Enfin le 13 novembre, Papineau se décida à partir de Montréal. En compagnie de O'Callaghan, il se rendit de la Pointe-aux-Trembles à Saint-Marc. Il y arriva le 14 au soir. « Mr Papineau, nous dit Duvert, était très peu communicatif, parlant bien peu et sombre et pensif. » Il ajouta peu après « que l'assemblée de St-Charles était notre affaire et qu'il n'y

---

[21] Nous pourrons examiner en détail, dans notre étude sur la Révolution, ce climat de peur qui a existé tout au long des insurrections de 1837 et de 1838.

était venu qu'en passant ». [22] Ceci indique combien Papineau était peu solidement lié au mouvement révolutionnaire. Pourtant les circonstances exigeaient un chef capable de juger la situation avec lucidité et d'inspirer confiance à ses subordonnés. Encore une fois, il se révélera incapable de soutenir une action efficace. Au lieu d'opter pour l'intervention énergique, il choisira les attitudes passives. Il est difficile, en raison du manque de documentation, [23] d'analyser avec sûreté son comportement. Cependant, les éléments que nous possédons permettent de le situer en relation avec ses réactions habituelles.

Le 15 ou le 16 novembre eut lieu une réunion des chefs dont les principaux étaient Papineau et Wolfred Nelson. La position de Nelson était claire. Il fallait soutenir par les armes la cause libérale. Il se fit le partisan d'une organisation militaire immédiate qui serait sous la direction de Papineau. Ce dernier se montra plus réticent quoiqu'il admit « qu'il n'y avait pas d'autres moyens à ce qu'il paraissait que de se défendre ». [24] Duvert, qui était « présent lorsque le complot de résistance s'était fait à St-Charles », disait après son arrestation que « le Dr Nelson aurait offert l'épée à Mr Papineau; que celui-ci l'aurait refusée ». [25] Evidemment, ce dernier pouvait invoquer, pour soutenir sa position, le fait que les patriotes n'étaient pas encore prêts à affronter les troupes anglaises. La peur qui déterminait l'attitude de Papineau se retrouvait chez la plupart des autres chefs. Ces arguments parurent les plus convaincants. Un compromis s'opéra de part et d'autre. Papineau accepta un plan défensif. Un double comité fut formé. [26] Le premier qui avait un caractère « civil » fut appelé le *Conseil des Patriotes*. Il était composé de Papineau et de O'Callaghan. Le second remplissait les fonctions militaires. Nelson en assumait la direction. En somme, Papineau se libérait de responsabilités écrasantes tout en demeurant le chef du mouvement. C'est ce qui explique que Nelson, le 18 novembre, ait commencé à réunir une armée à Saint-Denis. Une lettre anonyme envoyée au Gouverneur, le 20 novembre, affirme que « les chefs rebelles sont réunis à St-Denis; qu'ils se préparent à former une armée de 15000 hommes pour attaquer et brûler la ville de Montréal ». [27] D'autre part, Papineau réussit à faire accepter l'idée d'une convention générale des chefs patriotes pour le 4 décembre « afin, disait-il, de délibérer alors sur la situation du pays et sur les

---

[22] Examen de Duvert, APQ, E. 1837-38, 45. — Au sujet de la visite de Jesse Lloyd, voir L.-J.-A. Papineau, *op. cit.*, 45. « Mon père me dit de n'en jamais souffler mot... »

[23] Les documents produits par les rebelles, au cours de cette période, ont en très grande partie été détruits. Papineau et l'abbé Chartier l'admettent. Voir la lettre de l'abbé Chartier à Papineau dans BRH, XLIII; voir aussi la lettre de Papineau à O'Callaghan (28 oct. 1848), APQ, P-B : 459.

[24] APQ, E. 1837-38, 354.

[25] Lettre de Perreault à Anthony St-John (11 déc. 1837), APQ, P-B : lettres de diverses personnes.

[26] L.-J.-A. Papineau, *op. cit.*, 666.

[27] APQ, E. 1837-38, 4025.

mesures à prendre dans les circonstances si difficiles ». [28] De son côté, Nelson proposa de profiter de cette assemblée pour émettre une déclaration d'indépendance. Un document fut préparé et signé. Papineau affirmera plus tard qu'il « n'allait pas plus loin que le manifeste de St-Charles ». [29]

En réalité, Papineau cherchait à retarder constamment l'échéance de l'insurrection armée. Dès cette époque, il semble avoir prévu la défection de la grande majorité des membres influents du parti révolutionnaire. Par crainte et par attachement à leurs intérêts personnels, ils comptaient avant tout sur les paysans pour renverser le gouvernement. Papineau se comporta alors comme s'il avait été opposé à une prise d'armes. « Nous n'avions pas le droit de trancher une telle question en l'absence des autres chefs parce que nous ne savions pas si nous serions ou ne serions pas attaqués... » [30] Il se donnait en même temps l'illusion que l'intervention gouvernementale se ferait attendre indéfiniment. En mettant de côté les facteurs externes qui ont influencé sa conduite, on trouve chez Papineau une recherche systématique de l'échec. Tout semble se passer en lui comme s'il avait préféré l'échec à la réussite ou comme si l'échec avait constitué un moyen de succès. C'est pourquoi on constate tout ce qu'il y avait de faux dans les motifs qui avaient amené la création du comité civil.

> Le commandant des forces ou autres militaires, disait-il en 1848, pourront avoir de la répugnance à négocier avec quelqu'un qui aurait combattu. On pourrait prétexter cette raison pour refuser de recevoir ceux que l'on enverrait pour négocier avec eux; afin de prévenir cette objection, il faut que Mr Papineau s'éloigne quand nous serons certains d'être attaqués. C'est après avoir discuté le pour et le contre de cette proposition, et qu'elle avait été adoptée à l'unanimité que la circulaire fut signée... [31]

En se faisant octroyer la direction de la section civile d'une organisation militaire, Papineau légalisait à l'avance sa conduite. Il se trouvait par le fait même déchargé de toute participation aux événements militaires. Il pouvait s'enfuir sans avoir l'air de le faire. Toute sa conduite à Saint-Denis et à Saint-Charles ressort de son incapacité à envisager objectivement la situation et à la surmonter.

En pratique, Papineau ne pouvait abandonner complètement à Nelson la solution des questions militaires. N'était-il pas, depuis toujours, le chef auquel personne n'avait cru devoir résister ? D'ailleurs son prestige en aurait souffert ! C'est pourquoi, après le 18 novembre, Papineau continua à agir comme chef « suprême ». Le 18 novembre, Thomas Storrow Brown était arrivé de Montréal avec plusieurs autres leaders patriotes. Leur présence nécessitait la formation d'une seconde organisation militaire. Nous croyons que la rivalité entre Nelson et Brown a déterminé la création

---

[28] Lettre à O'Callaghan (28 oct. 1848), APQ, P-B : 549.
[29] *Idem.*
[30] *Idem.*
[31] *Idem.*

du camp de Saint-Charles. Nous en trouvons la preuve dans le fait que Nelson, après la victoire de Saint-Denis, est allé offrir ses services à Brown qui les refusa.[32] Cependant Brown ne pouvait de lui-même se donner le titre de général. Après la conversion du manoir Debartzch en château fort et l'élection par le peuple des officiers subalternes, les chefs se réunirent à Saint-Charles. L'assemblée était présidée par Papineau assisté de O'Callaghan. Siméon Marchesseault dit que :

> Louis Joseph Papineau recommanda alors aux personnes présentes de nommer pour leur chef ou Général la personne de Thomas Storrow Brown, le désignant comme la personne la mieux qualifiée pour remplir cette charge. Qu'il fallait lui obéir comme général en tout ce qu'il commanderait... Que depuis cette rencontre le dit T. S. Brown a agi en qualité de général, et qu'il était tellement considéré comme tel que de toutes les paroisses environnantes on venoit le consulter avant d'adopter aucunes mesures. Qu'il a compris d'après tout ce qu'il a entendu dire aux dits Papineau et O'Callaghan, qu'ils étaient convaincus qu'une révolution réussirait en Canada...[33]

Le soir même Papineau retourna à Saint-Denis. Au cours de la nuit, un courrier annonça l'approche des troupes anglaises. Nelson se rendit vérifier leurs effectifs. En même temps, il fit avertir Brown et les patriotes des paroisses voisines. A son retour, il organisa la résistance. Le combat commença entre neuf heures et dix heures. Pendant que Nelson « menaçait de trancher le cou à ceux qui reculeraient »,[34] Papineau quitta Saint-Denis en compagnie de O'Callaghan. L'explication donnée, en 1848, par Papineau, au sujet de son départ de Saint-Denis, nous semble assez proche de la vérité. Elle contient néanmoins l'aveu d'une *lâcheté camouflée*.[35] Le témoignage de Nelson ne paraît pas correspondre à la signification que Papineau donnait habituellement à sa conduite. Il fallait, pour lui, que tout se produisit comme si son départ était nécessaire au succès de la cause. La version de Nelson doit plutôt être interprétée dans le contexte des rivalités politiques de 1848.

Après avoir quitté Saint-Denis, Papineau se rendit à Saint-Hyacinthe.[36] Le lendemain, 24 novembre, il retourna à Saint-Charles afin d'exhorter les patriotes à une résistance vigoureuse. Lussier, aubergiste, dit à ce sujet :

> Que la veille de l'action de St-Charles il a vu Louis Joseph Papineau dans la maison de Mr Debartzch, haranguer une quarantaine de personnes qui s'y trouvaient en leur disant de tenir ferme, de ne point reculer parce que si on reculait qu'il y aurait des gens par derrière qui les serviraient. Que le dit Papineau a disparu et qu'il ne l'a pas revu depuis.[37]

---

[32] Examen de Foisie, APQ, E. 1837-38, 346.

[33] Déposition de Siméon Marchesseault, *ibid.*, 844.

[34] Examen d'Edouard Besse, *ibid.*, 338.

[35] L'étude de la querelle Papineau-Nelson, en 1848, ferait l'objet d'un travail spécial. Nous renonçons ici à l'exposer.

[36] APQ, E. 1837-38, 346a, 355; L.-J.-A. Papineau, *op. cit.*, 336.

[37] Examen d'O. Lussier, APQ, E. 1837-38, 353.

Le 24 novembre, Papineau était probablement revenu à Saint-Denis. Peut-être est-il demeuré avec Nelson jusqu'au début de décembre ! A ce moment, il était évident que le mouvement révolutionnaire avait été un échec complet. Le départ de Papineau pour les Etats-Unis s'est fait durant les premiers jours de décembre. Il passe d'abord à Saint-Hyacinthe avec O'Callaghan.[38] En cours de route, il rejoignit Nelson.[39] Il le laissa ensuite pour suivre un chemin différent. Nelson fut arrêté et Papineau réussit à gagner les Etats-Unis.

Il ne faut certes pas lui imputer complètement l'échec de la rébellion. Ses attitudes étaient représentatives de celles de la majorité des membres du parti patriote. C'est ce qui explique qu'elles aient été acceptables. Mais la direction qu'il avait donnée au mouvement révolutionnaire rendait impossible une organisation efficace. Il n'a pas su non plus inspirer confiance à ses supporteurs. Sa fuite définitive était le résultat de ses fuites antérieures. Son comportement n'avait aucun rapport avec celui d'un chef conscient et réaliste. Au mois de juin 1838, Lafontaine écrivait à Chapman :

> Il paraît qu'au commencement de l'affaire de St-Denis lui O'Callaghan et Papineau se sont sauvés de la maison de Nelson où ils étaient. On ajoute que quelques habitants ont voulu tirer sur eux, mais que le jeune fils de Nelson les en a empêchés. Est-ce bien vrai ? Dans tous les cas, il paraît que tous deux désapprouvaient cette résistance. Papineau aurait pu l'empêcher. Ne l'ayant pas fait il aurait dû se battre...[40]

Ces remarques, venant d'un homme qui avait peu payé de sa personne au cours des troubles, sont néanmoins significatives d'une attitude nouvelle, de la part des patriotes, à l'égard de Papineau. En refusant d'assumer leur part de responsabilité dans l'échec de la révolution, la majorité des réfugiés ont été entraînés à déverser sur leur chef l'amertume qu'ils en éprouvaient et leur incapacité à redonner au mouvement révolutionnaire des cadres solides. De son côté, Papineau réagira différemment en posant au martyr.

> Combien souvent, disait-il, la vertu malheureuse a été dégradée et calomniée et le vice triomphant apothéosé. Mais le cœur de l'homme est fait pour être le sanctuaire de la vertu et du dévouement aux sentiments libéraux et généraux. Ils auront toujours leurs héros et leurs victimes, souffrant plus gaiment pour ce qu'ils croient la cause de la justice et de la liberté, que le méchant ne jouit de ses triomphes, quand ils ne se raportent qu'à ses succès égoïstes et personnels.[41]

LE BOUC ÉMISSAIRE

Papineau a été marqué profondément par l'échec de la rébellion. Sa correspondance traduit clairement le désarroi dans lequel il se trouvait

---

[38] Déposition de J. Sicard, *ibid.*, 302.
[39] APQ, P-B : 663.
[40] Lettre de Lafontaine à Chapman (14 juin 1838), APQ, P-B : photostat.
[41] RAPQ, (53-55), 391s.

au moment de son arrivée aux Etats-Unis. Les mots angoisse, malheur, espoir, désespoir, abattement et isolement reviennent constamment pour exprimer les émotions qu'il ressentait. Dès ce moment, il semble s'être réfugié derrière « la fixité inaltérable de ses principes et son attachement à sa famille et à sa femme ». [42] Puis, progressivement, il a réussi à dégager une explication des événements qu'il venait de vivre en les rattachant à ses visions antérieures des problèmes politiques. C'est pourquoi il a essayé de rejeter l'entière responsabilité de l'insurrection sur le gouvernement et sur le « parti bureaucrate ».

> J'ai fait de l'opposition constitutionnelle, écrivait-il à Nancrède, je n'en ai pas fait d'autres... Les uns et les autres testifient que j'ai déconseillé les voies de fait. Mais j'ai recommandé une vaste combinaison pour nous priver des produits taxés et pour encourager l'usage de ceux de notre propre industrie... Nous ne conspirions pas pour renverser le gouvernement par la force, nous voulions le guérir par la diette et par le régime. Nous ne savions pas qu'il conspirait pour nous écraser, pour commencer la guerre civile contre le peuple parce que l'orgueil de ses agens provinciaux était blessé. Il a choisi son tems pour provoquer et forcer à une résistance intempestive des hommes qui n'étaient pas préparés. L'insulte et le désespoir ont excité un soulèvement soudain et universel... [43]

Quels sont les motifs qui ont conduit Papineau à trancher si rigoureusement le problème de la responsabilité du mouvement insurrectionnel? Il est évident qu'il lui était impossible d'admettre qu'il avait été, en grande partie, l'artisan de l'échec que venait de subir la cause de l'indépendance canadienne. En conséquence, il s'est efforcé, pour éliminer sa propre culpabilité, de présenter la rébellion comme l'aboutissement logique du système de persécution exercé contre les Canadiens français depuis la Conquête. Il voyait des « malheurs sans fin fondre sur sa patrie » : l'union des deux Canadas, la confiscation des propriétés des Canadiens au profit des marchands anglais et même la déportation. Sa seigneurie et sa famille étaient aussi l'objet continuel de ses craintes.

D'autre part, en présentant les Canadiens français en victimes innocentes d'une conspiration bureaucratique, il pouvait exciter des sympathies extérieures en vue d'une reprise des hostilités. Dès ce moment, Papineau a cessé de croire que les Canadiens pourraient trouver en eux-mêmes l'énergie nécessaire pour édifier leur indépendance. C'est pourquoi il refusera de participer à toute organisation qui reposerait uniquement sur les forces patriotes. Il cherchera à obtenir l'appui du gouvernement américain, de certaines personnalités américaines et de l'Ambassadeur de France. Il verra même la possibilité d'obtenir une aide financière du Consul russe à Boston. Enfin sa pensée se fixe presque définitivement sur l'annexion aux Etats-Unis. Il écrivait en 1839 :

> Tous conviennent que l'indépendance des Canadas et leur aggrégation à la Confédération américaine est leur avenir prochain et la combinaison la plus

---

[42] *Ibid.*, 391-407.
[43] Papineau à Nancrède (14 mai 1838), APQ, P-B : 530.

favorable. Les uns les croient éloignées, qui pensent que l'Angleterre peut demeurer en paix pendant plusieurs années — les autres prochaines, qui la croient à la veille de se trouver avec des embarras à l'intérieur ou à l'extérieur, et qui sont persuadés d'une part que les Canadas ne peuvent remuer jusqu'à ce jour. [44]

Après son arrivée aux Etats-Unis, Papineau reprit contact avec les autres réfugiés. A cette époque, les sympathies populaires étaient très fortes, du côté américain, en faveur des Canadiens. Papineau lui-même avait réussi à rencontrer des hommes influents qui étaient prêts à seconder une revanche. Vers la fin du mois de décembre, les généraux américains Wool et Scott acceptèrent de diriger une expédition. Il fut même question de leur assurer « une récompense de 10 à 20000 âcres de bonne terre, défrichée en partie, et comprenant plusieurs moulins ». [45] D'autre part, Bioren, agent de Deringer, proposa de fournir à l'expédition 6,000 fusils américains. [46] Des réfugiés polonais, français et des volontaires américains consentirent aussi à prendre part à l'invasion du Canada. Mais l'assemblée de Middlebury allait signifier la faillite de ce projet.

Le 2 janvier 1838 les principaux réfugiés se rencontrèrent à Middlebury afin d'établir les cadres définitifs de l'expédition. Cependant, la rébellion avait contribué à clarifier certaines situations. Papineau ne pouvait plus maintenir ses attitudes antérieures vis-à-vis des patriotes. Il se présenta à l'assemblée en compagnie de O'Callaghan. Contrairement aux précédentes assemblées patriotes, ce fut une assemblée délibérante. Papineau ne pouvait plus imposer ses décisions comme il l'entendait. Les radicaux exigèrent une prise de position formelle. Ils proposèrent l'établissement d'un gouvernement provisoire et une déclaration d'indépendance. En second lieu, ils demandèrent d'inclure, dans cette déclaration, l'abolition des droits seigneuriaux, des dîmes et du douaire coutumier français. Papineau se refusa à ces mesures. Il obéissait, sans doute, à des motifs personnels mais il représentait aussi, à cette occasion, la position ·de l'ensemble de la bourgeoisie canadienne. L'assemblée se divisa en deux groupes inconciliables. Nelson disait, un mois après cette réunion :

> Papineau nous a abandonné et cela pour des motifs personnels et familiaux concernant les seigneuries et son amour invétéré pour les vieilles lois françaises. Nous pouvons mieux faire sans lui qu'avec lui. C'est un homme bon seulement pour parler et non pour agir. [47]

Après l'assemblée de Middlebury, Papineau se tint éloigné des radicaux. Cela n'impliquait pas l'abandon de la cause de l'indépendance. Il continua d'exciter et de créer de nouvelles sympathies en faveur des Canadiens. Il comptait avant tout sur l'appui du gouvernement améri-

---

[44] APQ, P-B : 57b.
[45] APQ, P-B : III. Copie manuscrite par Papineau.
[46] Bioren aux réfugiés, *idem*.
[47] Lettre de R. Nelson à J.-B. Ryan (25 fév. 1838), APQ, P-B.: lettres de diverses personnes. Nous donnons ici une traduction.

cain. Pour leur part, les radicaux, sous la direction de Robert Nelson et de Côté, décidèrent de risquer une expédition pendant le mois de février. Elle fut un échec complet. Toutefois, une déclaration d'indépendance fut émise et un gouvernement provisoire proclamé. Après le mois de février, les réfugiés élaborèrent chacun de leur côté une multitude de plans d'invasion. Cependant, les rivalités personnelles, [48] les ambitions, les intrigues, la délation et les conflits de toutes sortes furent des obstacles permanents à une organisation efficace. Malgré cela, au mois de juin, les radicaux mirent au point un plan qui rallia la majorité des réfugiés. L'organisation reposait sur l'*Association des Frères Chasseurs*. Celle-ci fut introduite dans tout le Bas-Canada. La date du soulèvement fut fixée, après maints changements, au 3 novembre. Les insurgés devaient d'abord surprendre les postes de Saint-Jean, de Chambly, de Sorel et de Laprairie. L'armée patriote attaquerait ensuite Montréal. La prise de Québec constituait la dernière étape. Encore une fois les dissensions et l'absence de coordination empêchèrent complètement une action efficace. Le nom de Papineau fut utilisé par les chefs rebelles pour soulever le peuple. Papineau ne paraît pas s'en être offusqué. Comme en 1837, l'échec traduisait surtout les déficiences profondes de l'organisation révolutionnaire.

Papineau avait quitté Albany pour Philadelphie le 20 février 1838. Il marquait par là son intention de ne pas participer aux projets élaborés par Robert Nelson et par Côté. Le 26 mars, il écrivait à son fils :

> Mon cher tu ne nourris que de justes sentimens de dévouement à ton pays et de haine contre des injustes oppresseurs. Mais ces sentiments quelque fondés qu'ils soient ne pourront jamais devenir utiles qu'autant qu'ils peuvent être tempérés par un peu plus de sang froid que tu n'en montres. Le pays succombe sous des forces évidemment trop grandes pour que tenter une lutte trop inégale n'eu pas pour résultat de délivrer au traitement affreux que la même domination orgueilleuse fit jadis éprouver aux malheureux Acadiens. C'est donc un moment où il faut céder et dissimuler. S'exciter à de trop justes ressentimens c'est se mettre dans le cas de ne plus pouvoir calculer ses démarches : d'être violens et injustes comme le sont nos amis du Nord ; de se nuire à soi et à ses amis et à son pays. Dans la situation d'esprit où tu te trouves naturellement moins tu écriras violemment à tes amis plus tu leur feras de bien. [49]

De juin à novembre 1838, Papineau demeura tantôt à Philadelphie, tantôt à Saratoga. Au cours du mois de juillet, Mackenzie essaya de le réconcilier avec Nelson et Côté. Mais il demeura en dehors de l'organisation révolutionnaire. Au mois d'août, Papineau rendit visite à l'ambassadeur Pontois qui lui exposa les raisons qui empêcheraient la France d'appuyer l'indépendance canadienne. [50] Après l'échec de la seconde insurrection, il consentit à se rendre à Washington, en compagnie de

---

[48] Voir la *Collection Duvernay*, le *Canadian Antiquarian (1908-1910)* et le *Fonds des Evénements 1837-38*.
[49] APQ, P-B : lettres à ses enfants.
[50] APQ, P-B : III.

Wolfred Nelson, afin de demander l'aide du gouvernement américain. Arrivés à New-York, Robert Nelson, Mackenzie et Ryan leur proposèrent de prendre part à une nouvelle organisation.[51] Papineau refusa. Ils se rendirent ensuite à Washington où ils rencontrèrent le président des Etats-Unis. Encore une fois il put réaliser l'impossibilité d'obtenir des secours de l'extérieur. Après ces insuccès, Papineau persista néanmoins à compter sur un revirement de la situation internationale. Une lettre à sa femme est significative à cet égard :

> S'il n'est pas permis de désirer la guerre par tout le monde en vue de l'avantage particulier du Canada ce désir devient légitime, en vue de l'amélioration de la situation de tous les peuples qui, après des malheurs passagers, trouveraient dans des institutions libérales des gouvernements plus économiques, plus disposés à la paix permanente, et des sociétés plus éclairées et dès lors plus à l'aise, qu'elles ne l'ont été depuis des siècles avec leurs despotismes monarchiques, Aristocratiques et cléricaux. Puis la guerre que nous n'aurons pas occasionnée et dont nous ne devons pas répondre il sera du moins permis d'en tirer parti dans l'intérêt du Canada...[52]

Nous trouvons ici une explication des positions adoptées par Papineau depuis le mois de mai 1837. Il avait été incapable de prendre la responsabilité d'une révolution. Au cours de la première insurrection, ses attitudes ambivalentes et ses conduites d'échec provenaient d'un sentiment de culpabilité qu'il ne pouvait surmonter. Déjà avant 1837, nous avons pu déceler ce sentiment à la base de son comportement en tant que chef du parti patriote et républicain. En 1838, il s'est refusé à refaire l'expérience « angoissante » d'une insurrection dont il aurait été le chef. Il a trouvé toutes sortes de prétextes, dont les uns étaient très valables, afin d'éviter de prendre part *directement* à l'agitation. En acceptant une déclaration formelle d'indépendance et la création d'un gouvernement provisoire, il aurait été forcé d'accepter les conséquences de ses actes parce que ces deux mesures impliquaient un engagement total. Néanmoins, il ne pouvait se détacher du mouvement qu'il avait, plus que tout autre, contribué à faire naître. Il s'est alors donné l'illusion que les Etats-Unis et même la France pourraient envisager une guerre avec l'Angleterre pour libérer les Canadiens français des servitudes du système colonial.

Jusqu'aux assemblées de Middlebury et d'Albany, les patriotes avaient secondé Papineau aveuglément parce qu'ils avaient besoin de croire en l'image qu'ils s'étaient faite de leur chef. C'est pourquoi ils avaient, jusqu'à cette époque, fermé les yeux sur les déficiences de l'homme. La défection de Papineau, au mois de janvier 1838, les laissait désemparés. Malgré l'état de dépendance dans lequel ils se trouvaient vis-à-vis de lui, les radicaux ont essayé de se libérer de son emprise. Leur première réaction a été, afin de détruire en eux-mêmes le mythe qui les obsédait, de vouloir réussir l'insurrection par leurs propres forces. Mais,

---

[51] RAPQ, (53-55), 410.
[52] *Ibid.*, 428.

encore là, la nécessité d'un chef qui rallierait tous les réfugiés et les patriotes du Bas-Canada se faisait sentir. Robert Nelson et Côté ont tenté de prendre la direction du mouvement. Mais leur acceptation devenait problématique, en raison de leurs idées personnelles et, surtout, parce qu'ils symbolisaient faiblement les aspirations communes. Jusqu'au mois de novembre 1838, le foisonnement des intrigues et des rivalités personnelles était révélateur d'un groupe inapte à se donner une direction. A ce point de vue, les expéditions désastreuses de février et de novembre sont significatives. Les rebelles ont été forcés d'utiliser le nom de Papineau comme signe de ralliement.

La seconde attitude adoptée par les radicaux a été celle de détruire l'homme. Non seulement ils ont attribué l'échec des troubles de 1837 à « sa poltronnerie », mais ils ont vu l'influence désorganisatrice de Papineau derrière toutes leurs faillites subséquentes. Chez les révolutionnaires modérés, le mythe de Papineau s'est dissocié. On pouvait être un « Franklin sans être un Washington ». Mais ils avaient besoin d'un Washington. C'est pourquoi ils ont commencé à porter les yeux sur Wolfred Nelson, « le Héros de St-Denis ».

Après l'invasion du mois de novembre 1838, les révolutionnaires manifestèrent à l'égard de Papineau une agressivité profonde. Il devint, à leurs yeux, un obstacle permanent à l'indépendance du Canada. Le 10 novembre, Bonnafoux, sympathisant français à la cause patriote, écrivait à Papineau pour lui demander de se rendre en France. A cette occasion, il lui exposa que son attitude « passive » nuisait au mouvement révolutionnaire. En second lieu, il affirma que toute participation de Papineau à un projet d'invasion ne pouvait que « créer des jalousies ». [53] Cette lettre exprimait, en fait, les désirs de la majorité des réfugiés. L'abbé Chartier mit sur pied, avec Côté, Nelson, Mailhot et plusieurs autres, un plan qui forcerait Papineau à partir pour la France. Le prétexte de ce voyage était de susciter des sympathies pour la cause canadienne. Papineau a certainement réalisé les motifs réels qui inspiraient ces démarches. Comme elles correspondaient à ses intentions, il quitta les Etats-Unis le 8 février 1839.

Après le départ de Papineau, les projets d'invasion du Canada se firent de plus en plus nombreux. Mais ils se traduisirent tous par des échecs. Les mésententes et les défections s'accrurent au même rythme. Malgré son absence, Papineau demeurait présent parmi eux. Les radicaux prétextèrent le fait que Papineau n'avait pas rendu compte de ses démarches pour tenter de descendre leur ancienne idole. Ils étaient fermement convaincus que la cause révolutionnaire ne pourrait s'affirmer tant que Papineau n'aurait pas été « démasqué ». Les articles de Côté dans le *North American* avaient été écrits dans ce but. Cependant cette tactique rencontra une forte opposition du côté des patriotes plus modérés.

---

[53] APQ, P-B : lettres de diverses personnes.

Ceux-ci se rendirent compte que c'était « se ravaler dans l'opinion Américaine et Canadienne ». Boutillier écrivait à Duvernay :

> Je crois, j'espère, que nos amis sentent que le premier d'entre nous qui voudra médire trouvera facilement des croyants et que l'égoïsme, comme le bien public, trouvera son compte dans l'oubli des torts, personnels, réels ou imaginaires, car il y en a peu d'entre nous qui ne se soient trompés dans leurs calculs ou leurs espérances. [54]

Par la suite, l'abbé Chartier fut délégué en France, au nom des patriotes, pour connaître les résultats de la mission de Papineau. Puis, progressivement, de juin 1839 à 1841, les réfugiés envisagèrent l'impossibilité de réussir une insurrection. La plupart d'entre eux retournèrent au Canada. Certains, tels que Côté et Robert Nelson, décidèrent de rester aux Etats-Unis.

Les deux rébellions laissèrent chez les Canadiens français de toutes les classes le sentiment profond d'un échec « national ». Une lettre de Boucher-Belleville à Duvernay permet de saisir cette conséquence de la rébellion.

> Nous avons eu tous deux également à pleurer sur les maux de la patrie et je dirai encore qu'en ceci l'avantage était de notre côté, car vous ne les aviez pas comme moi sous les yeux. Je ne puis encore penser aujourd'hui à ce dont j'ai été témoin sans me sentir percé jusqu'au fond de l'âme. Ce sont des épreuves que Dieu nous envoie, vous dirait un Jésuite, ordre de religieux auquel je n'appartiens pas encore, comme vous le supposez dans votre lettre. Je suis sous le rapport religieux et politique comme vous m'avez connu en 1837. Mais notre position est tellement changée, il s'est opéré une telle révolution morale parmi nous, que ce qui paraissait bon et sage il y a quatre ans, ne l'est plus aujourd'hui. Je crois pouvoir vous dire sans vous offenser que vous ignorez entièrement le pays tel qu'il est aujourd'hui et la chose n'est pas surprenante, parce que vous n'y vivez plus et que vous n'avez pas été à même de rencontrer des gens bien au fait de notre situation. Vous serez peut-être surpris de m'entendre dire que je ne connais pas aujourd'hui un seul canadien qui ne soit pas patriote au moins de cœur. Les prêtres le sont tous. Ceux mêmes que vous avez connus pour les plus violents torys sont aujourd'hui complètement changés. [55]

Après son retour d'exil, Papineau a voulu reprendre son rôle de leader national. Mais l'échec de la rébellion avait contribué à dégager le nationalisme canadien-français de ses attaches radicales et libérales. Certes une forme de libéralisme persistera dans la pensée nationaliste; mais elle sera inoffensive. Elle servira plutôt à masquer l'inadaptation des institutions. De même le mouvement de l'*Institut canadien* reproduira dans ses grandes lignes la pensée pré-révolutionnaire; mais il ne rejoignait qu'un groupe fort restreint. En réalité, les classes moyennes canadiennes-françaises avaient échoué dans leur tentative pour faire du Bas-Canada un Etat national doté d'une structure laïque et démocratique. C'est pourquoi nous assistons, après 1837, à un renforcement des cadres

---

[54] Boutillier à Duvernay (17 juin 1838), CA, (1909), III, 167.
[55] Lettre à Duvernay (9 mai 1841), APQ, *Coll. Duvernay*, 489.

cléricaux et des tendances agraires. La bourgeoisie canadienne s'en accommodera d'autant mieux que l'introduction du gouvernement responsable lui permettait d'accéder aux postes administratifs et qu'après 1850, la conjoncture économique était plus favorable aux professions libérales. Dans ces conditions, il devenait évident que le rôle de Papineau comme chef national des Canadiens français était terminé. Pour continuer à vivre dans la mémoire populaire et dans la conscience bourgeoise, Papineau devait se retirer de la vie publique. De cette façon, il demeurait, comme disait Garneau, « l'image de notre nation ». [56] Mais l'image elle-même était déjà épurée de toute infidélité aux traditions ancestrales.

Pourtant l'homme n'avait rien du héros. Il avait accepté une tâche trop lourde pour ses capacités réelles. On l'a cru énergique et il était hésitant et faible. On l'a cru désintéressé parce qu'il se contentait d'une honnête aisance malgré les offres de sinécures. Néanmoins, il conservait un besoin profond de sécurité matérielle. On a vu en lui l'homme d'action parce qu'il avait réussi à faire obstacle pendant trente ans aux visées des marchands anglais. Ses discours agressifs laissaient croire qu'il était apte à réaliser l'indépendance canadienne par les armes. En réalité, il n'avait pas réussi à se libérer complètement des peurs de son enfance, de la crainte de l'Etat et du clergé. Plus que tout autre il a évoqué la puissance bienfaisante de la raison sur la conduite humaine. En fait, il était constamment aux prises avec une imagination débordante et une sensibilité excessive. A ces divers points de vue, Papineau a été l'image de cette bourgeoisie canadienne, issue du milieu paysan, qui n'avait pas réussi à s'adapter à la vie urbaine et bourgeoise. En même temps qu'il traduisait les aspirations de cette bourgeoisie vers une libération des cadres traditionnels, il a représenté son incapacité à édifier elle-même sa liberté et à se tailler une place dans un monde économique reposant sur la concurrence et sur le dynamisme personnel. L'échec de la rébellion de 1837 n'est donc pas un effet du hasard. Il est l'expression des faiblesses profondes de cette bourgeoisie qui, pour éviter de s'adapter réellement aux conditions nouvelles, a préféré transporter et conserver, dans un contexte urbain et bourgeois, les traits essentiels de la société paysanne dont elle provenait.

[56] F.-X. Garneau à Papineau (27 sept. 1847), APQ, P-B : lettres de diverses personnes.